KB140231

동서

사상의

만남

동서
사상의
만남

조홍길 지음

오늘날 한국 사회에서는 국운 상승의 바람을 타고 국수주의적 기풍이 날로 드세어지고 있다. 아울러 한국의 문화적 역량도 놀라울 정도로 늘어났다. 영화 〈기생충〉의 아카데미 수상, BTS의 음악 돌풍, 넷플릭스의 드라마 〈오징어 게임〉 열풍 등 한국의 대중문화가 세계 시장을 강타하고 있다. 이런 성과가 학계에도 자극을 주고 있다. 그리하여 역사학에서는 한민족의 위대한 역사를 되찾으려는 시도가 유튜브 한편을 뜨겁게 달구고 있으며, 철학에서도 우리 철학에 대한 자각이 싹트고 있다.

그러나 다른 어떤 분야보다도 철학에서 우리는 여전히 고전을 면치 못하고 있다. 우리 철학을 정립하려는 욕망이 드센 데 비해서 그 성과는 아직 보잘것없다. 돌이켜보건대, 우리 철학이라고 내세울 만한 것이 20세기 한국에서는 나타나지 않았으며 여전히 서양철학이나 중국철학을 수입하여 이해하는 데 급급한 실정이었다. 그러다가 21세기에 들어서서 한국은 '세계철학의 쓰레기통'이라는 자조 섞인 한탄이 나오기까지 하였다. '우리 철학 어떻게 할 것인가?'라는 물음이 제시될 정도로 우리 철학에 대한 자각이 싹텄음[1]에도 불구하고 우리 철학, 즉 한국철학의 정립은 요원한 듯하다. 이에 이 글은 한국철학의 정립을 위한 실마리를 제시하려고 한다.

한국철학은 우리의 전통에 바탕을 두면서도 오늘날의 여러 문제를 서양철학과는 다른 방식으로, 그러나 보편적으로 사유하려는 철학을 뜻한다. 오늘날 세계는 이미 지구적 자본주의 체제에 들어섰고 경제적으로나 문화적으로 긴밀하게 연결되어 있다. 그래서 지구촌 한 곳에 문제가 생기면 지구 전체로 파급되는 경우가 한둘이 아니다. 예를 들어본다면, 코로나바이러스 같은 경우다. 중국 우한에서 터져 나온 코로나바이러스 전염병은 몇 달 되

---

1) 정세근, 「우리 철학 어떻게 할 것인가」, 『대동철학』 76, 2016과 이철승, 『우리 철학 어떻게 할 것인가』, 학고방, 2020을 참고하라.

지 않아 온 지구촌을 휩쓸었다. 게다가 지구 온난화는 지구촌 곳곳에 홍수, 가뭄, 한파, 태풍 등의 전례 없는 재난을 초래하고 있다. 사회 양극화도 어느 한 나라 문제가 아니라 지구의 어떤 곳에서도 심화하고 있다.

인간이 배출한 막대한 플라스틱 쓰레기는 해양을 오염시키고 있다. 그리고 남극과 북극의 얼음이 녹아 해수면이 높아지고 새로운 질병의 위험이 가중되고 있다. 그런데도 우리는 뾰족한 대책을 내놓지 못하고 있다. 지구 온난화, 코로나바이러스 전염병 그리고 사회적 양극화 같은 문제를 어찌해야 할지 아무도 모른다. 지구가 머지않아 인간은 물론 다른 생물들도 살기 어려운 황폐한 곳이 되리라는 예측하에 제2의 지구를 찾으려는 SF 같은 환상만이 영화나 소설 등에서 등장하고 있을 뿐이다. 그러면 우리는 이런 온 지구적 문제에 눈을 감거나 손을 놓고 살아가야만 하는가? 그렇게 살 순 없다.

우리 철학은 이런 문제를 외면하고 우리의 특수성만을 내세워야 하는가? 당연히 그럴 수 없다. 철학이 이런 문제들을 직접 다루거나 당장 해결할 수 없더라도 최소한 그 실마리는 제시해야 한다. 다시 말해, 철학적으로 이런 문제들을 해결할 수 있는 최소한의 사상적 기반[2]을 제시해야 한다. 오히려 우리 철학은 이런 문제들과 정면으로 대결할 때 정립될 수 있을 것이다. 우리 철학

---

2) 여기서 '사상적 기반'이란 사상의 뿌리, 본질을 의미하는 게 아니라 동서사상이 서로 만나고 소통할 수 있는 사유의 놀이 공간을 의미한다.

의 전통에 그 실마리가 이미 함축되어 있을 수 있다. 그것을 현대적으로 되살리고 발전시킬 때 우리 철학은 정립될 수 있고, 앞의 사상적 기반도 마련될 수 있을 것이다. 이 글에서는 이런 사유의 모험을 감행할 생각이다.

이를 위해서 이 글은 우선 21세기의 지구적 과제를 디지털 기술과 관련하여 살펴볼 것이다. 그리고 나서 서양철학의 수용과 한국철학의 특징을 탐색해보고 한국철학의 특징이 잘 드러나 있는 전통적 철학들의 면모도 살펴볼 것이다. 회통적인 한국철학의 특징은 지구적 차원에서는 동서사상의 만남으로 이어질 수 있다. 그리고 동서사상의 만남이 함축하는 의미가 무엇인지 살펴볼 것이다. 그리고 나서 동서사상의 만남이 어떻게 이루어져야 하는가를 탐구할 것이다. 그 만남의 사상적 요소는 관계적 존재론이라고 감히 생각한다. 그다음에 차이(Différance)와 리좀(Rhizome)을 관계적 존재론에 비추어 살펴보겠다. 그리하여 이 글의 말미에서 21세기에 관계적 존재론이 함축하는 의미를 밝힐 것이다.

목 차

들어가는 말 4

01 _____ **21세기의 과제**

　　　1) 메타버스와 관계적 존재론 12
　　　2) 21세기의 과제 16

02 _____ **한국철학과 서양철학**

　　　1) 서양철학의 수용 24
　　　2) 한국철학의 특징 28
　　　　　(1) 최치원의 풍류사상 29
　　　　　(2) 휴정의 유·불·선 삼교 일치론 32
　　　　　(3) 최제우의 동학사상 38
　　　　　(4) 『천부경』의 천지인 합일 사상 45

03 _____ **유·불·선 삼교의 회통과 동서사상의 만남**

　　　1) 유·불·선 삼교의 회통으로부터
　　　　　동서사상의 만남으로 54
　　　2) 동서사상의 만남이 함축하는 의미 57

04 ———————— 동서사상은 어떻게 만나야 하는가?

1) 서양 중심주의의 해체　64

2) 사상의 핵심을 통한 동서사상의 만남　67

05 ———————— 차이(Différance)와 리좀(Rhizome)

1) 차이(Différance)　75

2) 리좀(Rhizome)　80

06 ———————— 관계적 존재론

1) 관계적 존재론의 의미　88

2) 관계적 존재론과 동서사상의 만남　90

나가는 말　95

참고문헌　98

21세기의 과제

_____ 01

1) 메타버스와 관계적 존재론

　19세기부터 20세기 초중반에 이르기까지 자본주의 국가들은 식민지 쟁탈을 위해 많은 전쟁을 치렀다. 그 가운데 제1·2차 세계대전은 인류에게 엄청난 상처를 남겼다. 식민지 개척과 전쟁은 시장을 확보하기 위해 자본주의 국가들이 벌인 실전 게임과 같은 것이었다. 그러나 20세기 중반부터 전쟁 기술의 발달로 무시무시한 핵폭탄이 등장하였다. 그리하여 이 핵폭탄은 역설적으로 제1·2차 세계대전과 같은 큰 전쟁을 억지시켰다. 핵폭탄을 이용한 전쟁이 일어나면 전쟁 당사국은 물론 세계 전체가 공멸하는 상황에 빠질 수 있었기 때문이다. 그래서 지역적인 전쟁은 끊임없이 일어났고 일어나고 있지만 제1·2차 세계대전과 같은 전쟁은 더 이상 일어나지 않았다. 그러나 앞으로 그런 전쟁이 다시금 일어나지 않을 것이라고는 장담할 수 없다.

　이제 바야흐로 20세기 중반 이후 더 이상 식민지 개척이 국제

질서상 허용되지 않게 되었다. 그래서 그 대신에 자본주의는 수익을 창출할 수 있는 새로운 시장, 들뢰즈의 표현을 빌리자면 새로운 욕망의 영토를 만들어내지 않으면 안 되었다. 디지털 기술에 힘입어 수익을 창출할 수 있는 인터넷이 20세기 말에 등장하였고 인터넷의 가상 공간은 이제 새로운 시장이 되었다.

21세기 초반을 넘어서기 시작하자 디지털 기술의 혁신에 따라 가상현실(VR), 증강현실(AR), 인공지능(AI), 블록체인 등과 같은 기술이 개발되어 메타버스(Metaverse)라는 3차원 가상 세계가 점차 구현되기 시작하였다. meta와 universe의 합성어인 메타버스는 우리가 사는 이 세계를 반영하고 있지만 이 세계를 초월한 꿈과 같은 가상 세계다.

그럼 메타버스는 어떻게 정의될 수 있을까? 아직 초기이므로 보는 관점에 따라 다양하게 정의될 수 있을 것이다. 여기서는 다음과 같은 위키백과의 기술적 정의만 소개하겠다. 메타버스는 "가상적으로 향상된 물리적 현실과 물리적으로 영구적인 가상 공간이 융합되어 미래 인터넷을 기반으로 감각을 연결하고 공유하는 특징을 가진 3D 가상 공간이다."[3] 이러한 가상 세계에서는 현실 세계에서와 같은 경제적, 문화적, 사회적 활동이 가능해진다.

---

3) 자오궈둥 외, 『디지털 신세계 메타버스를 선점하라』, 정주은 옮김, 미디어 숲, 2022, p.16. 이 책은 젊은 디지털 기술자들이 썼기 때문에 이들이 메타버스에 과도한 기대를 걸고 있음이 분명하게 드러난다. 우리는 기억하고 있다. 인터넷이 장밋빛 미래의 신세계를 가져올 수 있으리라는 기대는 무참하게 깨어졌음을. 그래서 젊은 디지털 기술자들의 기술만능주의에 동의하고 싶지 않다.

그러므로 메타버스는 현실 세계를 투영하고 있지만 현실 세계와 평행해서 존립하는 가상 세계이다.

그런 세계를 우리는 여태까지 소설이나 영화에서 상상하기만 할 수 있었을 뿐이었지만 디지털 기술의 혁신으로 우리는 현실에서 어느 정도 구현할 수 있게 되었다. 예를 들자면, 2000년대에 나온 세컨드 라이프(second life)라는 가상현실 플랫폼도 있고 다중접속 온라인 역할수행게임(MMORPG)도 여기에 속할 수 있을 것이다. 그러나 세컨드 라이프는 2003년도에 출시될 때만 해도 대중의 기대를 많이 받았지만 몇 년 지나지 않아 대중의 외면을 받았다. 그리고 MMORPG에서는 게임의 속성상 현실 세계와 같은 사회적, 문화적, 경제적 활동을 온전히 할 수 없었다.

그러나 디지털 기술의 비약적 발전에 힘입어 세컨드 라이프를 이어 메타버스 플랫폼 서비스가 출시되어 가상 세계에서 아바타로 게임도 하고 경제적 활동이나 문화적 활동도 할 수 있게 되었다. 네이버의 자회사인 네이버 제트가 운영하는 '제페토(Zepeto)'와 로블록스에서 운영하는 '로블록스(Roblox)'가 그 대표적 예이다. '제페토'와 '로블록스'는 현재 인기리에 운영되고 있다. 그러나 이 서비스들의 사용자 대부분이 10대 초등학생이므로 그것들은 '10대 초딩의 놀이터'라는 한계를 아직 벗어나지 못하고 있다. 만일 이런 메타버스 플랫폼 서비스가 온 연령에 걸쳐서 재미를 준다면 수익 창출을 기대할 수 있는 새로운 시장이 될 수 있을 것이다.

2021년에 메타버스가 온 세계의 주목을 받게 된 가장 중요한 이유는 코로나바이러스가 초래한 비대면 상황 때문일 것이다. 그리고 초등학생들이 이 서비스를 많이 사용하는 까닭은 그들이 가상현실에 가장 익숙한 세대이기 때문일 것이다. 만일 이 서비스가 영화 〈레디 플레이어 원(2018)〉의 수준에 도달하려면 지금의 기술로는 아직은 어림도 없을 것이다. 그러나 그 수준은 가깝지는 않지만 그리 멀지도 않은 우리의 미래를 보여주는 것이라고 볼 수 있을 것이다.

메타버스에 관심을 기울이는 나라는 많지만 가장 관심을 기울이는 나라는 한국과 중국이다. 아마도, 다른 기술은 몰라도 첨단 신기술은 뒤처지지 않겠다는 각오와 욕망이 이런 관심에 반영되지 않았나 생각된다. 이런 관심에 따라 한국 사회는 다른 나라에 비해서 더 빠르게 메타버스가 구현될 수 있으리라고 예상된다.

메타버스가 충분히 구현된다면 현실 세계와 가상 세계의 관계는 어떻게 될 것인가? "메타버스의 세계관에서는 메인이 사이버 세계이고 오프라인은 사이드인 것이다. 다시 말해 현실은 로그아웃(Log out)하고, 사이버 세계로 로그인(Log-in)하는 것이라고 할 수 있다."4) 우리는 일반적으로 현실 세계가 주인이고 가상 세계는 손님이라고 여기기 쉽다. 그러나 가상 세계에서는 사람들이 현실 세계의 시공간적 제약을 넘어서서 자유롭게 노닐 수 있기 때문에 가상 세계가 주인이 되고 현실 세계는 손님이 될 수 있을 것

---

4) 이병권, 「메타버스(Metaverse) 세계와 우리의 미래」, 『한국콘텐츠학회지』 19(1), 2021, p.13.

이다. 마치 현실 세계에서 설법하는 스승과 설법을 듣는 제자의 경우에, 설법하는 스승의 마음에 비친 제자가 설법을 듣는 제자의 마음에 비친 스승의 설법을 듣듯이 가상 세계와 현실 세계는 주인과 손님의 관계가 역전될 수도 있을 것이다. 현실 세계와 가상 세계가 서로 거울이 되어 서로 비추고 서로 거울에 비친 영상이 되기도 하면서 그것들은 서로 관계할 수 있다. 그리고 장자의 '나비의 꿈'이라는 우화에서와 같이 꿈과 현실이 혼동되듯이 가상 세계와 현실 세계는 혼동될 수도 있을 것이다.

우리가 사는 세상은 기술적 연결망(Network)과 사회적 연결망으로 이미 촘촘하게 연결되어 있다. 여기에다가 가상 세계까지 더한다면 인간의 마음까지도 온통 연결되는 그야말로 초연결 사회가 되어버릴 것이다. 결국 돈벌이 수단에 불과한 디지털 기술[5]이 우스꽝스럽게도 관계적 존재론이라는 형이상학을 소환하는 일이 벌어지는 셈이다.

2) 21세기의 과제

21세기는 지구적 자본주의가 성숙해가는 시대인 것 같다. 사회주의가 고립된 섬처럼 드문드문 건재하긴 하지만 지구적 자본주

---

5) 기술이란 인간에게 수고를 덜어줄 뿐만 아니라 편리함도 선사한다. 그것이 자아내는 효과와 영향도 광범위하고 엄청날 수 있다. 그러나 자본주의 사회에서 그것은 기본적으로 경제성장을 위한 수단이다.

의를 벗어나 있는 건 아니다. 소련은 지난 세기말에 이미 와해되어 지구적 자본주의에 편입되었다. 그리고 중국은 공산당이 권력을 장악하고 있긴 하지만 경제적으로 자본주의 노선을 걷고 있다. 지금의 중국은 20세기 후반의 한국과 같이 자본주의를 적극적으로 도입하여 공산당 독재에 의거하여 경제성장을 꾀하고 있기 때문이다. 중국은 미국과 싸워 이기기 위해서는 자본주의를 탈피하여 경제적으로 사회주의 노선을 택할 수는 없을 것이다. 지구촌의 어떤 정권도, 좌파가 정권을 잡든지 사회주의를 표방하든지 간에, 지구적 자본주의를 피할 수 없기 때문이다.

우리의 관심을 한국 사회로 돌린다면, 한국 사회는 남북으로 분단된 상황에서 자본주의로 출발하였지만 자본주의가 처음에는 제대로 정착하지 못하였다. 자본주의를 지탱할 수 있는 정치적·경제적 기반뿐만 아니라 문화적 기반도 턱없이 부족했기 때문이다. 그러나 20세기 말에 들어서서 한국 사회는 경제적으로 성장하고 정치적으로 민주화되고 문화적으로도 성숙해져서 자본주의 맛을 제대로 보기 시작했다.

20세기 중반 한국 사회는 서양의 선진국에 비해서 자본주의 역사가 일천했을 뿐만 아니라 자본축적도 아주 빈약했다. 이런 상황에서 한국 사회가 선진국에 진입할 수 있는 길은 문화산업에서 자본주의 발전을 기할 수 있는 길이 유력했다. 다행히 20세기 말 세계자본주의는 산업자본주의, 금융자본주의를 거쳐 디지털 자본주의로 넘어가는 길목에 있었다. 디지털 자본주의에서 문화산업은 인터넷, 모바일 네트워크와 같은 기술에 의존하였기 때문에 음악, 영화, 드라마 같은 분야는 콘텐츠만 좋으면 얼마든지 세계로 진출할 수 있는 길을 찾을 수 있었다.

문화 제국주의 신봉자들은 인터넷, 모바일 네트워크와 같은 기술은 자본주의 선진국의 문화를 후진국에 전파하고 이식하는 문화침략을 조장하고 이에 따라 후진국에서 자본주의 선진국의 착취가 심화될 것이라고 우려했다. 그러나 그들의 우려와 달리 불평등하긴 했지만 문화적 상호작용이 일어날 수 있었다.[6] 특히 BTS 등의 K팝, 〈기생충〉과 같은 영화, 〈오징어 게임〉과 같은 드라마는 자본주의 선진국의 영향을 받거나 다국적기업의 자본으로 만들어졌지만 세계적으로 최고의 찬사를 받았기 때문이다. 그런 것들 이외에도 한국의 문화산업에서는 엄청난 콘텐츠가 들끓고 있다. 이것은 단순히 한국 사회의 문화적 역량의 산물은 아닐 것이다. 마침내 한국 사회는 자본주의 맛을 톡톡히 보고 있는 셈이다.

21세기에 온 세계가 지구적 자본주의에 편입됨에 따라 사회적 양극화는 점점 더 심화되어 갔다. 한국 사회도 집권세력의 잘못된 부동산정책과 일자리정책으로 말미암아 경제적 활력을 잃어갔을 뿐만 아니라 사회적 양극화도 더욱 심화되어 갔다.

〈오징어 게임〉은 자본주의 사회에서 벼랑 끝에 밀려난 하층민들의 몸부림과 분노를 그린 한국적 드라마다. 다시 말해, 인간성

---

6) 문화 제국주의에 대한 비판은 문상현, 『글로벌 문화생산과 자본주의』, 커뮤니케이션북스, 2017을 참고하라.

이 황폐화되고 돈의 노예가 되어버린 한국인들의 처절한 몸부림을 한국적 게임으로 형상화한 작품이 바로 〈오징어 게임〉이다. 이 드라마는 한국적 자본주의 사회의 현주소를 상징적으로 잘 드러내고 있는 작품일 뿐만 아니라 더 나아가 사회적 양극화로 신음하는 지구적 자본주의의 현주소도 잘 반영하고 있는 드라마이기도 하다. 그래서 넷플릭스를 통해 방영된 〈오징어 게임〉은 세계의 여러 드라마들을 제치고 인터넷에서 가장 많은 조회 수를 기록하게 되었던 것이다. 따라서 그것의 성공은 지구적 자본주의의 불평등한 모습을 재미있게 그려낸 드라마에 기인하는 것이라고 할 수 있을 것이다.

오늘날 코로나바이러스로 지구촌이 온통 곤욕을 치르고 있다. 코로나바이러스는 변이로 말미암아 근절될 수도 없을 뿐만 아니라 전염을 막을 백신조차도 맥을 추지 못하고 있기 때문이다. 그것은 인간의 기술을 훨씬 능가하고 있다. 그리하여 이제 와서는 백신조차도 전염을 막을 수 없는 실정이라 사람들은 그것의 자연적 소멸을 하염없이 기다릴 수밖에 없는 처지가 되어버렸다. 어쩌다가 이런 지경에 이르렀는가? 인과응보라고 아니 할 수 없다. 인간들이 돈을 벌기 위해서, 욕망을 충족하기 위해서 자연을 마구 훼손했기 때문에 이런 재앙이 생긴 것이다.

그동안 인간들은 얼마나 오만방자했던가. 만물의 영장이라고 자화자찬하면서 온갖 동물들을 마구 잡아먹고 생태계를 파괴하였다. 인간들은 기술이 욕망을 충족시키고 안락한 삶을 줄 수 있으리라고 여겼지만 기술의 힘은 여기까지인 것 같다. 다시 말해 기술은 욕망과 쾌락의 낙원을 우리에게 줄 수 없다. 우리는 기술의 한계를 인정해야 한다. 기술은 재앙을 피할 힘을 주기는커녕 도리어 우리의 생존을 위협하고 있다.

코로나바이러스는 세월이 흐르면 자연적으로 해소될 재앙이 아니라 대재앙의 첫걸음인지 모른다. 그것보다 더 무서운 재앙이 우리를 기다리고 있을지 모른다. 코로나바이러스의 팬데믹(pandemic)보다 더 무서운 팬데믹이 나올 가능성이 크다. 야생에는 우리가 알지 못하는 바이러스가 득실거리고 있기 때문이다. 그리하여 재앙은 얼마든지 기술 개발로 해결될 수 있다는 기술만능주의는 결코 합리적이지 않다. 인간이 욕망 충족을 위해서 자연을 파괴하고 생태계를 교란하는 짓을 지속하는 한 그런 바이러스는 언제든지 다시 등장할 것이다.

재앙을 일으킬 또 다른 후보는 기후변화다. 이미 기후변화가 홍수, 가뭄, 한발, 폭염 등의 재난을 초래하고 있다. 그러나 이것이 지금보다 더 심한 재난을 예고하고 있음은 불을 보듯 뻔한 일이다.

지구촌이 감당해야 할 21세기 과제는 숱하게 많다. 핵전쟁의 위험이 여전히 상존하긴 하지만 그중에서도 1. 기후변화와 생태계 파괴와 2. 사회적 양극화와 불평등을 해결하는 일이 가장 중요하고 시급할 것이다. 그런데 이 두 과제는 인간의 기술로 해결 가능한 일이 아니라는 것이다. 그러므로 이 두 과제를 해결하기 위해서는 기술혁신에 매달릴 게 아니라 효과적인 삶의 철학과 삶의 방식이 제시되어야 할 것이다. 그리고 이를 위한 사회적인 제도와 정책이 만들어져야 할 것이다. 이 글은 이를 위한 최소한의 사상적 기반만을 제시하는 데 그칠 것이다. 그러나 이것은 한국철학을 정립하려는 시도도 될 것이다.

한국철학과 서양철학

_____ 02

1) 서양철학의 수용

서양철학이 본격적으로 수용되기 시작한 시기는 한반도가 일본 식민지로부터 해방된 이후이다. 조선 시대 말기에 천주교가 조선에 유입되었지만 서양철학은 거의 수용되지 못하였다. 그 이전에는 서양의 과학사상이 중국을 거쳐서 들어왔지만 아주 빈약한 수준이었다. 그리고 식민지 시기에는 서양철학이 일본을 거쳐 유입되었지만 아주 제한적이었고 수동적이었다. 그 시기에는 일본 학계의 영향으로 데카르트, 칸트, 쇼펜하우어의 철학이 주로 수용되었고 마르크스주의는 독립운동의 일환으로 유입되었다. 이런 연구 경향은 해방이 되고 나서도 한동안 이어졌다.

식민지 시기를 거치면서 철학에서 가장 뼈아픈 일은 우리의 전통적 학문의 방식이 단절되어 우리 나름대로 철학 하지 못했다는 것이다. 해방 이후 그 빈 자리는 서양철학의 연구가 차지했지만 언어의 장벽 때문에 서양철학의 연구도 다른 학문과 마찬가지로 일본 학계의 영향을 벗어나지 못했다. 일제 식민지 시기에는 물론 해방 이후에도 한동안 서양철학의 연구뿐만 아니라 동양철학의 연구도 일본 학계의 일본어 번역에 많이 의존하였기 때문이다.

물론 우리는 일제 식민지의 잔재를 극복하고 우리 나름의 철학을 발전시켜야 했지만 여전히 서양철학을 이해하는 데에도 큰 어려움을 겪어야 했다. 그래서 1960년대 이후 많은 학생들이 미국, 프랑스, 독일 등으로 유학을 떠나지 않을 수 없었다. 그 결과 1970년대부터 현상학, 분석철학, 독일 관념론 등이 어느 정도 깊이 연구되었고 한국전쟁 이후 유행했던 실존주의로부터 서서히 벗어나기 시작했다.

1970년대는 실존철학이 한국에서 유행했던 시기다. 하이데거의 존재론과 사르트르의 인간주의는 많은 한국인들의 마음을 사로잡았다. 그런 가운데에서도 한국철학의 전통에 대한 관심은 끊이지 않고 지속되었다. 1980년대에 들어서서는 군사정권의 폭압에 맞서서 마르크스주의를 향한 관심이 고조되었다. 국가보안법으로 말미암아 마르크스의 저작들은 금서였기 때문에 변증법적 사유에 대한 관심은 헤겔 철학으로 향했다. 칸트철학의 연구는 일제 식민지 시기부터 꾸준히 이어져 왔지만 80년대 이후에는 점차 사그라졌다. 그 대신에 헤겔 철학 연구가 유행하였고 칸트, 헤겔, 마르크스의 비판 정신을 계승하고 있는 프랑크푸르트학파의 비판 이론도 수입되었다.

1990년대 들어서서 문민정부가 들어서자 군사정권에 의해 판

금된 금서들이 쏟아져 나왔다. 소련 공산당의 붕괴와 민주화로 말미암아 자유로운 학문적 연구 풍토가 조성되었다. 이때 세계적으로 포스트모더니즘이 유행해서 한국에도 엄청난 영향을 주었다. 포스트모더니즘은 근대(Modernity)와 이성에 대한 비판을 자극했다. 그리하여 포스트모더니즘의 주요한 사상가로 간주되었던 푸코, 데리다, 들뢰즈의 차이 철학이 대거 쏟아져 들어왔다. 근대에 긍정적이었던 사람들은 프랑크푸르트학파의 대표주자인 하버마스의 의사소통이론을 통하여 계몽과 이성을 방어하기도 했다.

하버마스는 계몽의 기획을 정당화하려고 하였고 이성을 필사적으로 옹호하였다. 이에 반해 포스트모더니즘은 계몽의 기획과 이성을 비판하고 그것들에 반기를 들었다. 그러나 포스트모더니즘의 유산은 한국에서는 이성의 부정이 아니라 서양 중심주의의 부정으로 이어졌다. 21세기 들어서서 이런 경향은 세계적으로 점점 더 강화되어 가고 있다.

한국에서는 이와 더불어 한국철학의 정립을 향한 관심이 새롭게 대두되고 있다. 그런데도 아직도 서양철학을 수입하려는 움직임은 중단되지 않고 계속되고 있다. 삶의 철학과 삶의 방식에 대한 훌륭한 전통이 엄연히 우리에게 있음에도 불구하고 우리는 관성적으로 서양철학을 수입하여 우리 자신의 철학적 역량을 스스로 무시하고 있는 셈이다.

음악, 드라마, 영화 같은 대중문화 분야는 세계적 수준에 이미 도달한 것 같다. 그러나 철학은 여전히 서양철학의 수입과 소비에

머물고 있으며 유·불·선의 전통사상을 현대적으로 풀어내지도 못하고 있다. 우리가 서양철학에 매달리고 있는 한, 서양철학의 서양 중심주의를 벗어나지 못한 채 우리 자신의 철학적 역량을 외면하게 될 것이다. 서양철학의 극복을 위해서는, 서양철학의 방만한 도입이 중요한 게 아니라 서양철학의 핵심을 충분히 파악하는 게 중요하다. 그렇게 함으로써 동양철학의 핵심과 서양철학의 핵심을 연결하여 한국철학을 새롭게 정립해야 한다. 한국철학의 이러한 정립이야말로 일제의 식민지 잔재를 극복하게 해줄 뿐만 아니라 남북의 분단철학도 넘어서게 해줄 것이다. 더 나아가 21세기의 어려운 두 과제도 해결할 수 있는 실마리도 찾게 해줄 것이다.

이제 서양철학의 무분별한 수입은 중단되어야 할 것 같다. 이미 서양의 학자들도 서양철학의 한계를 깨닫고 새로운 돌파구를 찾으려고 하고 있지 않은가. 하이데거의 존재론, 데리다의 해체철학, 라투르의 기술철학이 그렇다. 그들 이후에도 서양의 학자들은 융합(Fusion)과 잡종(Hybrid)을 통해서 서양철학의 한계를 넘어서려고 애쓰고 있다. 그러나 그들은 웬일인지 동양철학의 핵심은 외면하고 있다. 그들은 여전히 서양 중심주의를 완전히 극복하지 못하여 지구적 문화의 패권을 빼앗기고 싶지 않았기 때문일 것이다.

서양 중심주의를 진정하게 해체하는 길은 동서사상의 만남을 통한 한국철학의 정립이 아닐까. 이러한 정립이 서양 중심주의를 해체하는 유일한 길은 아닐지라도 강력한 길일 수 있을 것이다. 우리에게는 고대로부터 세계적 사상들을 융합하려는 사상적 전통이 있었다. 그런 전통은 유·불·선 삼교의 회통이다. 이제는 유·불·선 삼교의 회통을 넘어서 동서사상의 만남으로 새롭게 길을 잡아야 할 것이다. 동서사상의 만남은 그런 전통을 한편으로는 계승하고 발전시키면서 다른 한편으로는 새롭게 살리는 길이 될 것이기 때문이다.

2) 한국철학의 특징

철학은 동서고금을 넘어서는 보편성이 있다. 철학이 언어나 사고방식이 서로 다르더라도 동양철학과 서양철학이 서로 통할 수 있는 것은 이와 같은 보편성 때문이다. 그러나 철학을 표현하는 언어나 사고방식이 다르기 때문에 동양철학과 서양철학은 엄연히 구분된다. 이를테면, 동양철학은 직관적인 데 반해서 서양철학은 분석적이다. 동양철학은 자연에 순응하는 삶을 지향하지만 서양철학은 자연을 지배하고 정복하는 삶을 지향한다. 게다가 서양철학에서나 동양철학에서도 나라마다 다른 특징이 있다. 예컨대, 영국철학은 실용적이고 독일철학은 사변적이며 프랑스 철학은 재기발랄하다.

동양철학 가운데서도 한국철학도 철학의 보편성이 있지만 그 나름대로 특징이 있다. 첫째로, 한국철학은 웅대하고 번쇄한 중국철학에 비해서 간명하다. 의상의 화엄 철학, 원효의 화쟁 사상, 지눌의 선(禪) 사상, 조선 시대의 사단칠정 논쟁, 정렴의 도가 사상 등이 그렇다. 둘째로, 한국철학은 중국철학에 비해서 융합적(회통적)이다. 원효의 화쟁 사상, 최치원의 풍류사상, 이규보와 김시습의 사상, 휴정의 삼교 일치론 그리고 최제우의 동학사상 등이 그렇다. 물론 중국철학에서도 유·불·선 삼교의 회통이 이루어지긴 했다. 하지만 그러한 회통은 유·불·선 삼교가 서로 영향을 주고받은 데 불과할 뿐 화쟁이 두드러지지 않았다. 그 대표적인 예가 불교와 도교의 형이상학에 영향을 받아 성립한 성리학과 양명학이다. 우리의 경우는 상당히 다르다. 최치원의 풍류사상, 최제우의 동학사상은 유·불·선 삼교의 회통이 우리 고유의 사상에 입각해 이루어졌다. 특히 최제우의 동학사상은 기독교의 영향을 받고 탄생한 한국 고유의 사상이자 민중의 광범위하고 열광적인 지지를 받은 사상이다.

그리하여 이 글에서는 회통적이고 간명한 한국철학의 특징을 최치원의 풍류사상, 휴정의 삼교 일치론, 최제우의 동학사상, 『천부경』을 통해서 살펴보기로 한다. 이들 사상은 외래 사상을 토착화한 사상이거나 우리 고유의 사상이면서도 유·불·선 삼교를 간명하게 회통하고 있다.

(1) 최치원의 풍류사상

유·불·선 삼교를 회통하려는 사상은 최치원 이전에 원효에 의해 분명히 시사되었다. 원효는 불교의 대승사상에 입각하여 유·불·선 삼교를 회통하려고 하였다. 공자의 인(仁) 사상과 노자의 자비 사상이 이미 대승사상에 포함되어 있다고 원효는 보았다. 더 나아가서 그는 대승사상이 백가(百家)의 온갖 가르침에 스며들어 있다고 선언하였다. "저 대승의 체(體) 됨이 … 깊어서 그윽하다. (이 대승의 체가) … 오히려 백가의 말 속에 있다."[7] 그러나 원효의 이러한 회통 사상은 어디까지나 불교의 입장에서 뭇 사상을 거두어들이는 작업에 불과할 것이다. 우리의 고유한 사상에 근거해서 유·불·선 삼교를 회통하려 했던 최초의 사상가는 최치원이다.

최치원의 이러한 회통 사상은 「난랑비서(鸞郞碑序)」에 간명하게 집약되어 있다. 그는 우리의 고유한 사상을 풍류(風流)라고 불렀다.

> 우리나라에 현묘한 도가 있다. 이를 풍류라고 한다. 가르침을 세운 근원은 선사(仙史)에 자세히 실려 있다. 그 내용은 삼교를 포함하며 뭇 중생을 접하여 교화한다는 것이다. 이를테면, 집에 들어와서는 부모에 효도하고 집을 나가서는 나라에 충성하는 것은 공자의 가르침과 같다. 무위로써 세상일을 처리하고 말 없는 가르침을 행하는 것은 노자의 가르침과 같다. 모든 악을 짓지 않고 모든 선을 받들어 행하는 것은 석가의 가르침과 같다. (國有玄妙之道 曰風流 設敎之源 備詳仙史 實乃包含三敎 接化群生 且如入則孝於家 出則忠於國 魯司寇之旨也 處無爲之事 行不言之敎 周柱史之宗也 諸惡莫作 諸善奉行 竺乾太子之化也)[8]

---

7) 원효, 『대승기신론소』, 은정희 역주, 1991, p.18.
8) 김부식, 『삼국사기 I』, 이강래 옮김, 한길사, 1998, p.129. 이 글에 맞도록 번역은 조금 고쳤다.

풍류란 여러 가지 다양한 의미로 쓰인다. 보통 풍류란 음주 가무의 예술적이고 시적인 감흥을 의미하기도 하지만 화랑도에서 그렇듯이 산천을 유람하면서 호연지기를 길러 천지자연과 어우러지는 경지 등을 의미한다. 여기서 최치원은 풍류가 그런 의미를 모두 포괄하면서도 유교의 충효 사상, 도교의 무위자연 사상, 불교의 선을 추구하는 사상 등이 포함된 것이라고 보았다.

우리의 고유한 풍류사상은 유·불·선 삼교의 주요한 사상요소를 내포하고 있으면서도 유·불·선 삼교와는 다른 정감성, 신비성의 특징이 있다고 보는 견해도 있다. "한국사상의 큰 특징은 합리성보다는 정감성, 신비성에서 먼저 찾아야 한다. 이것은 '풍류'라는 말 자체의 함의에서 엿볼 수 있다. 뒷날 이 땅에서 유교가 성행함에 따라 우리 고유사상이 갖는 신비적 성격이 차츰 희박해져 갔던 것이 사실이지만, 한국사상을 논할 때 신비적 성격이야말로 빼놓을 수 없는 중요한 요소라 할 것이다. 이런 신비적 성격을 지닌 풍류도였기에 최치원이 '현묘지도'라고 했는지도 모를 일이다."[9]

우리 한민족이 고대에 널리 행했던 제천의식을 고려해볼 때 이런 견해는 충분히 수긍이 간다. 그리하여 우리 한국철학의 특징은 다양한 외래적 요소들을 하나로 융합할 수 있을 만큼 최치원이 지칭하듯이 현묘하다. 다양한 악기들이 한데 모여 연주되고 사람

---

9) 최영성, 『고운 최치원의 철학사상』, 문사철, 2012, p.436. 이 책은 최치원을 단순히 문필가가 아니라 철학자, 사상가로 간주한다.

들이 즉석에서 춤추고 노래하면서 하나로 어우러지는 춤판은 한국철학의 특징을 잘 보여주고 있다.

(2) 휴정의 유·불·선 삼교 일치론

유·불·선 삼교를 회통하려는 기풍은 일찍이 원효나 최치원에까지 거슬러 올라갈 수 있다. 그러나 그런 기풍은 원효나 최치원의 사상에서 분명하게 드러나지만 그 단초만이 제시되었을 뿐이다. 오히려 원효는 불교의 여러 종파의 다툼을 화해시키는 데 주력했을 뿐이다. 조선 중기 휴정에 이르러서야 비로소 불교에 입각해서 유교와 도교를 회통하려는 시도가 나오게 되었다.

비록 휴정의 유·불·선 삼교의 회통은 불교에 그 바탕을 두긴했지만 단순히 호불론(護佛論)이라고 간주할 수 없다. 그는 유·불·선 삼교의 일치와 화해를 시도했기 때문이다. 그는 유·불·선 삼교를 각기 따르는 무리가 쓸데없이 서로 다툰다고 비판하고유·불·선 삼교는 궁극적으로 도(道), 즉 마음에 귀착될 수 있다고 주장했다. 이런 점에서 그의 회통은 원효의 화쟁 사상을 이어받았다고 할 수 있겠다.

> 세 가지 가르침을 따르는 무리가 저마다 다른 견해를 고집하여 함께 모이려 하지 않는 것을 내가 자주 보았다. 이제 간략하게나마 세 가지 문을 열어 이를 통하게 하려 한다. 아야! 삼교에서는 모두 '도'를 말하는데, 도란 무엇인가? ○이다. 만일 끝까지 꿰뚫어 닦는다면 불교나 유교, 도교가 모두 헛된 이름이라는 것을 비로소 깨닫게 될 것이다. (余多見三敎之道 各執異見 莫肯會同故 今略開三門戶而通之爾 噫 三敎通稱日道 道是

何物 ○ 若究得徹去 儒也釋也道也皆虛名耳.)[10]

유·불·선 삼교를 회통하려는 휴정 사상의 근거는 불교, 즉 선종의 마음에 있다. 그는 불교를 크게 선종과 교종으로 나누었다. 그런데 선종이 교종보다 우월하며 교종의 근원이라고 그는 파악하였다. 왜냐하면 교종과 선종이 결국 같은 곳으로 귀착되긴 하지만 교종은 부처의 말씀에 불과한데 반해서 선종은 부처의 마음이기 때문이다.

> 선과 교의 근원은 세존이시고, 선과 교의 갈래는 가섭존자와 아난존자이다. 말 없음으로써 말 없는 데에 이르는 것이 선이요, 말 있음으로써 말 없는 데에 이르는 것이 교이다. 또한 마음은 선법(禪法)이요, 말은 교법(敎法)이다. 법은 비록 한 맛이지만 하늘과 땅만큼이나 다르니, 이것이 선과 교의 두 길을 갈라놓는 것이다.[11]

서양철학은 동양철학에 비해서 언어를 적극적으로 받아들인다. 물론, 말할 수 없는 것에 대해서는 침묵을 지키라고 외친 비트겐슈타인처럼 언어의 한계가 인정되기도 했다. 그러나 헤겔은 언어를 정신을 드러내는 현존(Dasein)이라고 보았으며 하이데거는 언어는 존재의 집이라고 간주했다. 더군다나 20세기에 들어서서 하버마스 같은 철학자는 언어적 전회를 통해서 철학의 패러다임을 바꿈으로써 언어의 의사소통적 힘을 강조하기도 하였다.

---

10) 박해당, 「조선 불교를 되살리려는 간절한 서원의 열매―휴정의 『삼가귀감』」, 『철학과 현실』, 2004에서 재인용.
11) 휴정, 『서산의 삼가귀감』, 법진 역주, 선리연구원, 2008, p.30.

서양철학과는 달리 동양철학, 특히 불교철학과 도교 철학에서는 도(道), 즉 마음의 경지는 말로 표현할 수도 없고 그 경지에 말로 도달할 수도 없다고 보았다. 불교의 선종에서는 문자를 세우지 않고 곧장 사람의 마음을 가리켜서 마음의 본성을 보아 깨치려고 하였다(不立文字 直指人心 見性成佛). 따라서 불교의 선종은 불교 경전의 이해보다는 참선과 화두의 수행을 중시하였다. 선불교는 노장사상의 바탕 위에서 노장사상의 강한 영향을 받아 성립한 불교다. 그러므로 선불교는 중국 특유의 불교라 할 수 있을 것이다.

도교 철학에서는 교종과 선종의 구별이 없다. 노자의 『도덕경』에서는 첫머리에 "도는 말할 수 있으면 영원불변한 도가 아니다(道可道非常道)"(『도덕경』 1장)라고 선언했다. 따라서 도는 이름 붙일 수도 없고 말로 표현할 수도 없는 것이기 때문에 억지로 도라고 칭할 뿐이다. 휴정은 「도가귀감」에서 이런 뜻을 두 번이나 강조하고 있다.

> 혼돈되어 이루어진 한 물건이 있으니, 천지보다 먼저 생겨났다. 지극히 크고 미묘하며, 지극히 텅 비고 신령스러우며, 한없이 넓고 분명하되, 광대하며, 역력히 밝고 밝으며 방위로도 그 장소를 정할 수 없고, 겁 수로도 그 수명을 헤아릴 수 없다. 내가 그 이름을 알지 못해서 억지로 이름을 붙여 '마음(心)'이라 한다.[12]

> 도는 볼 수도 없고 들을 수도 없는 것이다. … 또 말이란 뜻이 있는 것이므로 뜻을 얻고는 말을 잊는 사람이라야 그것을 말할 수 있는 것이다. 그러므로 보아도 형체가 없

---

12) 앞의 책, p.164. 『도덕경』 25장에 나오는 구절을 휴정이 좀 고쳐서 인용하였다. 특히 도를 마음으로 바꾸어놓았다.

고 들어도 소리가 없다.[13]

　유교, 불교, 도교는 동아시아에서 서로 보완하는 역할도 했지만 서로 갈등하는 관계에 있기도 했다. 불교는 유교의 인륜을 부정했고 도교는 유교의 인의(仁義)와 예악(禮樂)에 부정적이었다. 그런 점에서 유교의 입장에서는 군신, 부자, 부부의 인륜과 예교를 부정하는 불교와 도교는 도저히 용납될 수 없었다. 그래서 유교, 불교, 도교를 각기 지지하는 선비들은 자주 서로 다투었다. 이에 휴정은 『삼가귀감』을 지어 이들 삼교가 서로 다른 점이 있지만 궁극적으로 일치할 수 있음을 강조했다.

　『삼가귀감』은 「선가귀감」, 「유가귀감」, 「도가귀감」의 세 편으로 구성되어 있는데 휴정이 불교, 유교, 도교의 경전 등에서 귀감이 될 만한 구절들을 뽑아내어 짤막하게 논평한 텍스트다. 「선가귀감」의 첫머리에 휴정은 유·불·선 삼교가 궁극적으로 일치하는 점을 지적하고 있다. "여기 한 물건이 있는데, 본래부터 한없이 밝고 신령하여 일찍이 생겨난 적도 없고 사라진 적도 없어서 이름 지을 수도 없고 모양을 그릴 수도 없다."[14] 이 구절은 사람의 본래면목은 말로 표현할 수도 형상화할 수도 없음을 가리킨다.

---

13) 앞의 책, p.180. 『장자』 「지북유」, 「천도」, 「외물」편에 나오는 구절들을 휴정이 발췌해서 함께 모아놓은 글이다.
14) 앞의 책, p.22. 여기서 일물(一物)을 '하나의 그 무엇'이라고 번역할 수도 있겠다. 그럴듯한 번역이다. 휴정, 『선가귀감』, 김영욱 역주, 대한불교조계종, 2010, p.69를 참고하라.

그래서 억지로 굳이 그것에 이름을 붙이자면 마음이라고 할 수 있을 뿐이다. "억지로 여러 가지 이름을 붙여서 혹은 마음이라 하고, 혹은 부처라 하고, 혹은 중생이라고 하였으니 이름에 얽매여 알음알이를 낼 것이 아니다."[15] 그리고 이름을 붙일 수도 형상화할 수도 없어서 억지로 마음이라고 이름 붙인 하나의 그 무엇으로부터 유·불·선 삼교의 성인들이 나왔음을 휴정은 이어서 지적하였다.

그럼 하나의 그 무엇(一物)은 도대체 무엇인가? 휴정은 ○이라는 일원상으로 표현하였다. 이 일원상은 시작도 끝도 없으며 원융무애하다. 그리고 그것은 음양의 두 기운을 삭제한 주돈이의 태극도와 일치한다.

유교 철학에서 말하는 하늘에서 나온 도, 태극은 중용의 도로서, 인(仁), 덕(德), 경(敬), 성(誠)을 포괄하는 말이며 마음을 밝힌 것이다. 이 마음을 잡으려면 조심하고 두려워해야 〔戒懼〕 하고 혼자일 때는 삼가야 〔愼獨〕 한다. "조심하고 두려워함이란 하늘의 이치를 보전해 지키려는 것이니 … 혼자일 때 삼간다 함은 사람의 욕심을 억제하여 막는 것"[16]이다. 이러한 유교의 마음공부는 청정한 마음을 찾아 지키려는 불교, 즉 선종의 수행과 일치한다고 휴정은 보았다.

성리학에서 사람의 성품은 하늘로부터 받았기 때문에 순수하고

---

15) 앞의 책, p.28.
16) 앞의 책, p.143.

선하다. 그런 점에서 인간의 본래 성품이 맑고 깨끗하다고 보는 불교의 관점과 일맥상통한다고 할 수 있을 것이다. 그리고 성리학에서는 천리를 보존하고 인욕을 없애는(存天理 滅人慾) 수양을 통하여 마음을 다잡고 순수하고 선한 본성을 지키려 한다. 이와 마찬가지로 불교 철학에서도 청정한 본성을 지키기 위해서 망념과 자아에 대한 집착을 떨쳐버리려고 한다. 도교 철학에서는 유교 철학과 달리 마음을 쥐어짜지 않는 무위자연의 수행을 통해서 마음을 비우고 욕심을 버려서 맑고 깨끗한 성품을 추구한다. 이런 맥락에서 유·불·선 삼교는 기본적으로 일맥상통하는 사상의 흐름이 있다는 게 휴정의 주장이라고 할 수 있을 것이다. 요컨대, 비록 유·불·선 삼교가 마음을 수양하는 방법에 차등이 있을지라도 그것들이 다 같이 마음의 본래면목인 청정한 마음을 추구하는 데에는 일치한다는 게 휴정의 주장이다.

휴정은 임제종의 전통을 이은 선사이므로 연기 사상을 강조하지는 않았다. 그러나 그는 『대승기신론』의 일심(一心) 이문(二門, 진여문과 생멸문)처럼 마음이 불변하면서도 인연을 따라 움직이는 두 뜻을 함축함을 분명히 인식하였다. 그런 점에서 유·불·선 삼교를 회통하려는 그의 사상에는 관계적 존재론이 함축되어 있다고 해도 무방할 것이다.

(3) 최제우의 동학사상

최제우는 19세기 조선 말에 벼슬조차 하지 못한 빈천한 선비였다. 하지만 그의 동학사상은 한국철학사에서 신기원을 이루는 사상이다. 그것은 최치원의 유·불·선 삼교의 회통을 능가하는 사상이기 때문이다. 그리하여 그의 동학사상은 한국철학의 전통을 계승하면서도 기독교의 영향을 받아 새롭게 이 전통을 발전시켰다. 그런 점에서 그것은 동서사상의 만남이라는 길목에서 중요한 이정표가 된다. 그뿐만 아니라 그것은 힘없고 버림받은 민중의 광범위한 지지를 받아 보국안민(輔國安民)의 동학운동으로 표출되기도 하였다. 그러나 최제우의 동학사상은 서양철학을 지향하는 강단 철학에서는 소홀히 취급되는 경우가 있는데 이것은 잘못된 관행이다. 그의 동학사상은 한국철학의 특징을 오롯이 간직하고 있을 뿐만 아니라 우리 민족을 넘어서 세계로 향할 수 있는 사상이기 때문이다.

동학은 천주교(서학)를 앞세우고 대포와 총으로 무장한 군대로 동양을 침략 했던 서양 제국주의 세력에 우리 나름대로 저항하려 했던 사상이자 민중운동이다. 최제우의 『동경대전』에는 이러한 인식이 분명히 나와 있다.

경신년(1860)에 이르러 나는 다음과 같은 얘기를 전해 듣게 되었다. 평화롭던 동방에 나타난 서양의 사람들은 부귀를 취하지는 않지만 천하를 공격하여 취하는 것이 곧 하느님의 뜻이라고 생각한다는 것이다. 그래서 교회당을 부지런히 세우고 그 하느님의 도를 행한다는 것이다. 그런 얘기를 듣고 보니 나 또한 그럴 수가 있는가, 설마 그럴 리야 있겠는가 하고 의심을 품게 되었다.[17]

이러한 외세의 침략과 야욕에 그 당시 중국은 말할 것도 없고 조선도 속수무책이었다. 조선 말에는 성리학적 질서가 이미 무너져갔지만 지식인들은 무지했고 지도자들은 무능하고 안일해 백성들은 갈팡질팡하였다.

> 지금 대세를 관망하건대 우리나라는 나쁜 질병이 사회 곳곳에 가득 차서, 백성들이 사시 하루도 편안할 날이 없으니, 이 또한 상처받아 해가 다가오는 운수이니라. 이에 비하면 서양은 전쟁을 일으키면 반드시 이기고, 공격하면 반드시 취하는 운세를 타고 있으니 성공치 아니 하는 일이 없다. 이런 추세로 천하가 다 멸망하면 (중국 중심의 세계질서가 근원적으로 붕괴해 버린다). 입술이 없어지면 이가 시리다는, 곽나라와 우나라의 고사와도 같은 탄식이 우리나라에도 닥치게 될 것이다. 이런 정황 속에서 나라를 바로잡고 국민을 편안케 할 수 있는 계책이 어디서 나올 수 있단 말인가![18]

그리하여 세상 사람들은 어디로 가야 할지, 어떻게 해야 할지 모르고 헤매고 있다고 최제우는 인식하였다. "근래 들어 세상 사람들이 모두 각기 자기만을 위하는 자세로 마음을 삼고, 천리를 따르지 아니하고, 하늘의 명령을 내팽개쳐버리니, 그들의 마음은 항상 무언가에 켕겨 두려움으로 가득할 뿐이로다. 그들은 어디로

---

17) 최제우, 『동경대전』, 김용옥 옮김, 통나무, 2021, p.71 이하. 이 책은 최근에 이루어진 『동경대전』의 번역이고 상당한 시간과 노력을 기울여 해설까지 곁들인 책이다. 그러나 그의 해석은 국수주의적인 측면이 있다. 이런 점은 주의해서 읽어야 한다.

18) 앞의 책, p.94,

향해야 할지 그 삶의 방향감각을 잃고만 것이었다."[19]

이러한 상황에서 조선의 낡은 성리학적 질서를 고수하는 것은 세상의 변화를 모르는 고루한 짓에 불과할 것이다. 서학에 대항할 수 있는 새로운 사상적 기반이 필요했고 나와야 했다. 그것이 바로 동학이다. 동학은 동양사상의 전통을 저버리고 서양 쪽으로 가는 사상이 아니라 서학에 영향을 받으면서도 동양사상의 전통을 새롭게 발전시키려 했던 사상이다. 요컨대, 동학은 유·불·선 삼교의 새로운 회통을 통해 서학을 극복하여 세상을 변혁하려는 사상, 즉 다시 개벽의 사상이라고 할 수 있을 것이다.

> 나의 도는 무위이화이다. 그 마음을 지키고, 그 기를 바르게 하고, 인간에 내재하는 천명의 본성을 따르고, 도덕적 교훈을 받아들이면, 오도吾道는 스스로 그러한 가운데서, 마음속으로부터 우러나와 변하는 세상과 합일이 된다. 그런데 서양 사람들이 말하는 것을 들어보면 그 논리적 비약이 너무 심하고, 그들이 써 놓은 책을 보아도 도무지 옳고 그름을 가릴 수 없는 모호한 말만 써 놓았다. 그들은 보편적인 종교를 표방한다 하면서 도무지 진정 하느님을 위한다는 단서가 없고, 오로지 자기 한 몸만을 위해 비는 모략만 있다. … 도로 말하면 허무에 가깝고, 그 도를 성취하는 배움, 즉 학의 과정에는 하느님이 배제되어 있으니 어찌 오도吾道를 양도洋道와 다름이 없다고 말할 수 있겠느뇨?[20]

---

19) 앞의 책, p.68.
20) 앞의 책, p.130. '무위이화(無爲而化)'는 인위적인 행위가 없어도 세상이 저절로 변화해간다는 뜻이다. 노자는 『도덕경』에서 무위자연의 사상을 펼쳤다. 그래서 무위가 포함된 구절이 많이 나온다: "무위자연의 정치를 하면 다스려지지 않음이 없다(爲無爲則無不治)"(『도덕경』 3장), "도는 늘 무위하지만 하지 않음이 없다(道常無爲而無不爲)"(『도덕경』 37장), "내가 억지로 일하지 않아도 백성은 스스로 교화된다(我無爲而民自化)"(『도덕경』 57장) 등의 구절. 따라서 이 구절들은 동학이 도교 철학에 영향을 받았음을 확실히 보여준다. 유교 철학은 유위의 철학이라고, 도교 철학은 무위의 철학이라고 간주된다. 그러나 꼭 그렇다고 볼 수는 없을 것이다. 공자는 무위의 정치를 가장 이상적인 정치라고 보았기 때문이다. "무위로 다스린 자는

조선은 유교를 정치이념으로 삼은 국가였다. 그래서 조선 시대에서는 불교와 도교는 산으로 숨었다. 유교 철학 중에서 가장 형이상학적이었던 주희의 성리학을 받아들인 조선은 양명학조차 받아들이지 않고 배척하였다. 주희의 성리학은 음양오행 사상에 바탕을 두는 우주론적 이기론, 이 이기론에 바탕을 두는 심성론, 이 이기론과 심성론에 바탕을 두는 삼강오륜의 인륜으로 대강 구성되어 있다. 결국 주희의 성리학에서는 우주론적 이기론과 심성론은 다 같이 삼강오륜의 인륜을 정당화하는 데로 귀착된다. 그렇기 때문에 주희의 성리학은 서세동점의 도도한 흐름에 대응하기에는 경직되고 생명력이 떨어졌다. 조선의 성리학은 양명학조차도 사문난적이라고 배척할 정도로 엄격했다. 하물며 삼강오륜의 인륜을 무너뜨릴 위험이 있는 서양문물은 말할 나위도 없었을 것이다.

최제우는 어렸을 때부터 성리학을 배우면서 자라난 선비지만 기울어진 가세로 말미암아 출세의 길이 막히자 도교, 불교 철학을 막론하고 서학도 마다하지 않고 견문을 넓혀나갔다. 그래서 비록 그가 성리학의 낡은 질서를 혁파하려는 뜻이 있었지만 그의 동학 사상에는 성리학적 사상요소가 기본적으로 깔렸다. 그리하여 그는 한편으로는 성리학의 우주론적인 음양 사상을 받아들이고 유가적인 성(誠)과 경(敬)의 덕목을 중시했으면서도 다른 편으로는 성리

순임금일 것이다. 무엇을 하였는가? 몸을 공손히 하고 바르게 군왕의 자리에 앉아 있었을 뿐이다. (無爲而治者 其舜也與 夫何爲哉 恭己正南面而已矣)"(『논어』, 「위령공」) 하지만 유교 철학에서는 무위의 정치는 덕치(德治)가 성대하게 이루어진 다음에야 가능하다. 그래서 유교 철학은 유위의 철학이라고 하는 것이다.

학적인 심성론은 언급하지 않았고 삼강오륜은 강조하지 않았다.

성리학에서 오늘날 우리가 주목할 사상요소는 삼강오륜이 아니라 우주론적 형이상학이다. 더 정확하게 말하자면 음양 사상이다. 이러한 음양 사상은 『동경대전』에도 천도(天道)의 꼴로 등장한다.

대저 천도라고 하는 것은 형체가 없는 것 같지만 뚜렷한 흔적이 있고 또 지리라고 하는 것도 광대무변한 것 같지만 정확한 방위가 있다. 그러므로 하늘에는 구성이 있어 구주와 상응하고, 땅에는 팔방이 있어 팔괘와 상응한다. 이러한 천지의 광대무변한 세계에는 차고 비고 하면서 갈마드는 슈(일정한 도수)는 있으나, 동과 정의 질서체계가 근원적으로 뒤바뀌는 이치는 있지 아니하다.

그러므로 그러한 질서 감각 속에서 음과 양은 서로 조화롭게 교감하면서 수 없는 만물을 끊임없이 화출해 내지만, 그 만물 중에서 영험스러운 존재는 사람을 따라갈 것이 없다. 이렇게 하여 천·지·인 삼재의 이치가 정해지고, 오행의 다양한 수리가 작동되게 된다.[21]

성리학적 우주론은 천지 만물, 즉 존재하는 모든 것이 음양적으로 관계한다는 사상이다. 따라서 최재우는 성리학의 관계적 존재론, 즉 음양 사상을 받아들이고 있는 셈이다. 주희는 음양 사상을 다음과 같이 피력하였다.

자네들, 시험 삼아 천지 사이를 보라. 그 밖에 무엇이 있는지, 다만 음과 양이 있을 뿐이다. 어떤 것이든 여기서 벗어날 수 없다, 내 신체에서 곰곰이 살펴보라. 눈을 뜨면 양이 아니면 음이고, 그 음과 양이 밀물처럼 내 몸으로 다가온다. 다른 어떤 것도 보탤 수 없다. … 자신이 무언가를 하려고 앞으로 나아가면 양이고 뒤로 물러나려고 하면 음

---

21) 앞의 책, p.109.

이 된다. 의념이 움직이면 양이고 고요하면 음이다. … 한번 움직이고 한번 고요한 것이 그대로 음양인 것이다. 복희씨는 이것에 따라 괘를 그려서 사람에게 보여준 것에 불과하다. 다만 하나의 음, 하나의 양에 의거할 따름이라면 많은 도리를 포괄할 수 없으므로 이것을 조합하여 64괘, 384효로 만든 것이다.[22]

주희의 이런 말은 하늘과 땅을 포함하여 존재하는 모든 것이 음양의 관계에 바탕을 두고 있음을 뜻한다. 이것이 바로 주자학의 관계적 존재론이며 최제우는 이것을 천도라고 일컬었을 뿐이다. 따라서 최제우의 앞의 인식은 그의 동학사상이 관계적 존재론에 바탕을 두고 있음을 말해준다.

최제우는 심신의 수련과 고행을 통해 하느님과 만난 게 아니라 지극한 기도를 통하여 하느님과 만났다. 하느님은 '내 마음이 네 마음이다(吾心則汝心).'라고 그에게 계시하였다. 그는 갑작스레 만난 하느님으로부터 영부를 받고 사람들을 구제하고 사람들의 병을 치료하라는 명령을 받았다.

그는 '시천주 조화정 영세불망 만사지(侍天主 造化定 永世不忘 萬事知)'라는 부적으로 단순화해서 포교를 시작했다. 이런 간단한 포교는 폭정에 시달리며 갈팡질팡하던 민중의 폭발적인 호응을 끌어냈다. 그가 순교한 뒤에는 보국안민(輔國安民)의 동학운동이 들불처럼 번졌다. 비록 동학운동이 실패하긴 했으나 동학사상이 품고 있는 평등사상과 개벽 사상은 후세에 큰 영향을 끼쳤다. 그러나 이 글에서는 동학사상이 관계적 존재론에 바탕을 두고 있다

---

22) 미우라 구니오, 『주자어류 선집』, 이동연 옮김, 예문서원, 2012, p.240 이하.

는 점을 높이 평가할 것이다.

『동경대전』에서 보면, 상제가 최제우에게 강림하여 '내 마음이 네 마음이며 귀신이 나'라고 계시한다. 귀신이라는 말은 생뚱맞은 말일지 모른다. 그러나 성리학에서도 귀신의 문제가 진지하게 다루어졌다. 귀신(鬼神)이라는 말은 천지의 귀신, 사람이 죽어서 되는 귀신, 제사를 지내는 대상이 되는 귀신 등의 뜻이 있다. 여기서는 귀신을 우리가 흔히 생각하는 유령(ghost)으로 단연코 이해할 수는 없다. 오히려 그것은 천지의 음양이 부리는 조화(造化)를 뜻한다고 할 수 있을 것이다.

귀신을 송나라 유학자 장횡거는 '음과 양 두 기의 양능(良能, 본래의 작용)'이라고, 그의 후배 정이천은 음양이 부리는 '조화(造化)의 자취'라고 보았다. 이어서 그들의 후배 주희도 귀신은 "음양이 줄어들거나 늘어나는 것에 불과할 뿐(鬼神不過陰陽消長而已)"[23]이며 "음양 두 기운 속의 신령스러운 것과 비슷한 것(這氣裏面神靈相似)"[24]이라고 보았다.

『동경대전』에서 말하는 귀신이라는 용어는 성리학의 귀신 개념을 일단 받아들이면서도 천주교의 영향도 받은 개념이라고 보아야 할 것이다. 왜냐하면 동학에서 귀신은 내재적이면서 초월적이기 때문이다. 따라서 귀신이란 음양의 이치를 주재하는 상제, 바꿔 말해 천지 만물이 생멸 변화하는 온 과정을 주재하는 상제를

---

23) 여정덕 편, 『주자어류』, 허탁·이요성 역주, 청계, 1998, p.277.
24) 앞의 책, p.279.

뜻할 것이다. 이런 맥락에서 '내 마음이 네 마음'이라는 구절은 우선 하늘·땅·사람이 하나라는 뜻을 함축한다. 그러면서도 동시에 마음을 바탕으로 하느님과 내가 서로 연결되어 있다는 뜻도 함축하고 있다고 할 수 있을 것이다.

그리고 하늘·땅·사람이 하나라는 사상은 이미 『천부경』에도 분명히 드러나 있다. 그리하여 이제 『천부경』을 살펴볼 때가 되었다.

(4) 『천부경』의 천지인 합일 사상

'한(一)'에서 비롯됨이니 비롯됨이 없는 '한(一)'이다.

세 극으로 나누어도 근본은 다함이 없다.

하늘은 하나이면서 첫 번째요, 땅은 하나이면서

두 번째요, 사람은 하나이면서 세 번째다.

하나가 쌓여 열로 커가니 어그러짐 없이 삼극은 조화를 이룬다.

하늘도 둘이요 셋, 땅도 둘이요 셋, 사람도 둘이요 셋이다.

셋과 넷으로 운행하고 다섯과 일곱으로 고리를 이룬다.

'한(一)'이 묘하게 커져 만이 되어 가고 만이 되어 오나니,

쓰임은 변하나 근본은 변하지 않는다.

사람의 본심이 태양의 밝은 데 근본 하니, 사람이 하늘 땅

가운데서 들어 하나가 된다.

'한(一)'에서 마침이니 마침이 없는 '한(一)'이다.[25]

---

25) 김석진, 『대산의 천부경』, 동방의 빛, 2010, p.92. 이 책에서 김석진은 주역의 대가답게 『주역』을 통하여 『천부경』을 해석하였다. 『천부경』이 『주역』에 영향을 준 경전이라면 『주역』에서 좀 더 분명하고 자세하게 설명되어 있는 역수(易數)를 통하여 그것을 해석하는 것도 좋은 길인 듯하다.

一始無始一析三極無
盡本天一一地一二人
一三一積十鉅無匱化
三天二三地二三人二
三大三合六生七八九
運三四成環五七一妙
衍萬往萬來用變不動
本本心本太陽昂明人
中天地一一終無終一

　『천부경』은 원래 녹도문(鹿島文)으로 기록된 것을 최치원이 한문으로 번역하여 오늘날까지 전래된 한민족 고유의 짧은 경전이라고 한다. 그렇지만 오랫동안 주목을 받지 못하다가 20세기에 들어서서 공론에 부쳐졌다. 일제 식민지 시기에는 한민족의 가장 오래되고 가장 뛰어난 경전으로 숭상받아 한민족의 정신적 지주로 간주되었다. 오랫동안 이 경전이 숨어 있다가 갑자기 20세기 초에 주목을 받게 된 이유는 무엇일까? 일각에서 그것을 의심의 눈초리로 볼 수도 있겠다. 그러나 『천부경』이 유·불·선 삼교라는 외래사상의 그늘에 가려 은밀하게 전래되다가 일제 식민지 시기에 한민족의 고유한 정신을 찾으려는 한국인들에 의해 발굴되었다고 생각한다면 무리가 없을 것이다.
　20세기 중후반에 들어서서, 81자에 불과한 『천부경』에 대한 숱한 해석이 쏟아졌다. 그러나 그것이 천지인 합일 사상을 표현하고 있다는 데에는 이의가 없다. 『천부경』을 해설한 옛날 문건이 전혀 없고 수로써 그 사상이 함축적이고 개략적으로 표현되었기 때문에 서로 어긋나는 해석들이 여기저기서 나왔고 앞으로도 나올 것 같다. 그러나 여기서는 김석진의 해석을 주로 참고하고 류영모의 해석도 조금 덧붙이는 정도에 그칠 것이다. 이 글은 『천부경』을 해설하는 글이 아니다. 물론 그렇게 될 수밖에 없겠지만 정밀한 해석은 가급적 삼갈 것이다.

이 글에서 『천부경』을 보는 기본 관점은 그것이 관계적 존재론을 드러내는 경전이라는 것이다. 여기서는 그 점만 명확하게 드러내면 된다.

『천부경』은 수라는 상징을 통하여 그 사상적 내용을 표현하였으므로 우선 수가 무엇인지 살펴보자.

오늘날의 수리철학에서는 '수가 무엇인지'에 관해 대략 3가지 입장이 있다.[26] 첫째로, 수라는 추상적 실체는 없으며 수는 명목에 불과하다는 입장. 둘째로, 수라는 추상적 실체는 인정하지만 이 추상적 실체는 인간의 정신에 의해 창조된 것이라는 입장. 셋째로, 수란 추상적 실체를 넘어서 글자 그대로 실재한다는 입장.

수에 관해 『천부경』이 취하는 입장은 이 세 가지 입장 어디에도 속하지 않지만 세 번째 입장에 가장 가까운 듯하다. 고대에는 서양이든 동양이든 할 것 없이 수라는 상징을 통하여 사상을 표

---

26) 스티븐 바커, 『수리철학』, 이종권 옮김, 종로서적, 1983을 참고하라.

현하였다. 서양에서는 피타고라스학파의 철학과 플라톤의 철학이 그렇고 동양에서는『주역』이 그렇다. 그들이 수라는 상징을 통하여 사상을 표현하긴 했지만 다분히 수비학적인 특성도 띠었다.[27] 그래서 가령 구천(九天), 구성(九星), 구주(九州)와 같이 어떤 수가 주술적인 마력을 지니고 있어서 그 수에 끼워 맞추어 이 세계를 파악하려고 하였다.

인간은 불구가 아니라면 누구나 열 손가락을 갖고 있다. 그래서 십진법이 동서양을 막론하고 자연스럽게 채택되었다. 특히 동양에서는 1에서 10까지의 수로 이 세계를 사상적으로 파악하려고 하였다. 1은 기본이 되는 수이고 10은 무한을 가리킨다. 화엄 철학의 수전법이 그렇고『천부경』도 마찬가지다.

『천부경』에는 1에서 10까지의 수가 빠짐없이 등장한다. 그리고 『천부경』에 나오는 6이라는 숫자 앞에 40자의 글자가 나오고 이 숫자 뒤에도 40자의 글자가 나온다. 글의 형식적 구성상 대칭적 구조를 가진 셈이다.

1에서 10까지의 수 가운데에서『천부경』이 가장 주목하는 수는 1과 3이다.『천부경』은 전체적으로 보아 1 → 3 → 1의 내용적

---

27) 수비학적인 특성은 동양의『주역』에 전형적으로 표현되었지만 서양철학도 결코 예외가 아니다. 그리고 철학에만 한정되는 것도 아니다. "인간은 수와 그 안에 깃든 힘을 인식함으로써, 수와 관련된 힘을 이용하여 마법을 행하거나 자신의 기도에 보다 강한 효험을 부여하고자 노력해왔다. 수에 담긴 비밀스러운 의미에 대한 지식은 문학과 민속신앙뿐 아니라, 천구의 질서를 포착하여 분명하게 드러내 주는 음악이나 중세의 건축에서도 잘 드러난다."(프란츠 칼 에드레스·안네마리 쉼멜,『수의 신비와 마법』, 오석균 옮김, 고려원 미디어, 1996, 머리말.)

구조를 갖는다. 하나가 천지인 삼극으로 나뉘어 그 나머지 숫자들이 차례로 생겨난다. 마지막에는 나뉜 삼극이 다시 하나가 된다. 1 → 3은 팽창을 의미하며 3 → 1은 수축을 의미한다. 우주는 팽창과 수축을 교대로 반복하며 순환하고 변화한다. 그리하여 하나에서 나와 하나로 돌아가는 변화는 무궁무진하다. 이를 동양철학에서는 조화(造化)라고 부른다.[28]

하나에서 나와서 하나로 돌아가는 운동은 기독교의 삼위일체와 극히 유사한 구조를 갖는다. 기독교에서는 신이 성부, 성자, 성령으로 나뉘지만 성부와 성자는 성령으로 하나가 된다. 이에 비해『천부경』에서는 하나가 천지인 삼극으로 나뉘고 사람이 하늘과 땅과 합일되어 하나가 된다.

헤겔은 기독교의 삼위일체를 정신이 자기 자신으로부터 나와 타자로 가서 자기로 되돌아오는 관계로 해석하였다.『천부경』에서는 하나에서 나온 하늘·땅·사람이 고립되어 있는 게 아니라 하나로 합일됨으로써 서로 관계한다. 이런 점에서『천부경』은 아주 소박하고 개략적이나마 관계적 존재론을 분명히 함축하고 있다고 할 수 있을 것이다. 하늘과 땅은 만물을 낳고 인간은 만물의 영장이다. 이것은 존재하는 모든 것이 고립되어 있는 게 아니라 서로 연결되어 관계를 맺는다는 사상을 함축한다고 볼 수 있다.

게다가『천부경』의 일시무시일(一始無始一)과 일종무종일(一終

---

28) 김석진,『대산의 천부경』, 동방의 빛, 2010, p.45 이하를 참고하라.

無終一)은 미묘한 부분이다. 이것이 무시무종(無始無終)으로 보통 해석되고 있다. 그리고 이것은 봄, 여름, 가을, 겨울의 계절 변화와 마찬가지로 1년이 지나면 다시 봄이 와서 계절의 교체가 이루어지는 순환의 반복으로 해석될 수 있을 것이다. 그러나 이 구절이 하나의 통일성과 폐쇄성을 깨뜨리는 운동을 의미한다고 해석할 수는 없을까. 왜냐하면 하나로 시작하지만 하나로 시작함이 없고 하나로 끝나지만 하나로 끝남이 없기 때문이다.

『천부경』은 수천 년 동안 은밀하게 전래되었을 뿐이지 이 텍스트에 대한 주석이나 논의는 이루어지지 않았다. 그러다 보니 이 텍스트를 해석할 맥락이 명확하지 않았다. 20세기 중후반에 숱한 해석이 나왔으나 대종교, 증산도와 같은 민족종교나 유교나 불교, 심지어 기독교에서도 제각기 입장에 따라 달리 이 텍스트를 해석하고 있다. 게다가 텍스트 자체도 수수께끼 같은 부분이 많아서 이 텍스트의 해석이 더욱 혼란스럽게 되었다.

이 텍스트의 해석이 물론 열려 있지만 『주역』에 입각해 이해하는 것이 가장 건전할 듯하다. 『주역』도 『천부경』처럼 천지인 삼재(三才) 사상이 잘 드러나 있고 수로써 사상을 표현하고 있기 때문이다. 더군다나 『주역』의 64괘도 『천부경』의 1→3→1과 같이 동양의 관계적 존재론에 속하기 때문이다. 그리하여 『천부경』은 동양철학의 전통에 편입될 수 있을 것이다.

끝으로 류영모의 『천부경』 해석을 덧붙여 살펴보는 것이 좋을 듯하다. 그의 해석은 흥미로운 점이 있다. 그것은 그가 낙서(洛書)

의 마방진을 활용했다는 것이다. 낙서는 하도(河圖)와 함께 주역 수리의 기본을 이룬다. 하도는 복희씨가 왕이었을 때 하수에서 나온 용마의 몸에 새겨진 무늬이다. 복희씨는 하도에 근거해서 팔괘를 만들었다. 그리고 낙서는 우임금이 낙수(洛水)의 홍수를 다스릴 때 나온 거북이 등에 새겨진 무늬이다. 이 무늬는 다음과 같은 마방진을 이룬다.

4	9	2
3	5	7
8	1	6

이 마방진은 가로의 합, 세로의 합, 대각선의 합이 모두 다 15다. 그리고 양수(陽數, 홀수) 5가 마방진 중앙에 자리를 잡고 양수 9, 3, 1, 7이 가로 세로의 중앙에 자리 잡고 있다. 따라서 다섯 개의 양수가 2, 4, 8, 6의 네 개의 음수(陰數, 짝수)를 거느리고 있는 셈이어서 음양의 위계질서가 분명히 드러난다. 그러나 류영모의 『천부경』 해석에서는 이러한 음양의 위계질서는 부각되지 않는다.

그의 『천부경』 해석 가운데에 가장 흥미로운 부분은 '運三四成 環 五七一妙衍'에 관해 해석한 부분이다. 그는 이 부분을 '옮기어 셋 네모로 쳐 이룬 고리, 다섯 일곱 하나 묘하게 뻗쳤음'이라고 번역하였다. 낙서의 마방진을 보면 네 모서리에 나오는 세 개의 수가 움직여 네모의 고리를 이룸을 알 수 있다. 그리고 낙서의 중앙에 있는 수 오(五)는 네모와 합하면 오(吾)가 된다. 또 6, 7, 2, 9, 4, 3, 8이라는 일곱 개의 수는 땅을 상징하고 1은 하늘을 상징한다. 그러면 내가 중심이 되어 하늘과 땅이 묘하게 노닌다는 해석이 나올 수 있다.[29]

마방진 자체가 대칭적 관계를 함축한다. 그리고 낙서에 나오는 1에서 9까지의 수는 천지 만물의 생멸 변화를 상징한다. 그렇다면 낙서의 마방진은 천지 만물이 맺는 관계를 상징한다고 할 수 있을 것이다. 이런 맥락에서 낙서의 마방진을 활용하여 『천부경』을 해석하려는 류영모의 시도는 나를 세상의 중심에 놓으려는 착상은 바람직하지 않지만 『천부경』의 관계적 존재론을 더욱 돋보이게 할 수 있다.

---

[29] 유튜브의 「류영모의 천부경 우리말 풀이」를 참고하라.
youtube.com/watch?v=w60oJB3Bccc&tz1c72s

유·불·선 삼교의
회통과 동서사상의 만남

_____ 03

1) 유·불·선 삼교의 회통으로부터 동서사상의 만남으로

유·불·선 삼교의 회통은 우리나라뿐만 아니라 중국에서도 꾸준히 시도되었다. 그러나 중국의 삼교 회통은 주로 유교 철학의 입장에서 도교 철학과 불교 철학을 거두어들이는 쪽으로 진행되었다. 물론 중국 불교도 노장사상을 받아들여 중국 특색의 불교인 선불교가 나오기도 하였다. 중국 도교도 불교를 품으려고 하였다. 그러나 유·불·선 삼교 가운데 유교 철학이 주도적이었다.

한국의 경우는 중국과는 달리 유교 철학이 일찍이 강세를 보이지 않았기 때문에 불교 철학이 유·불·선 삼교의 회통을 주도하기도 하였고 한국의 고유한 사상을 강조하는 방향으로도 나아갔다. 유교 철학이 정치이념이었던 조선 시대는 아예 불교와 도교는 민간과 산악으로 숨어버렸을 정도로 배척을 받았다. 그래서 조선의 성리학은 중국의 성리학보다 훨씬 더 교조적이었고 배타적이었다. 그런 가운데서도 유·불·선 삼교를 회통하려는 기운은 한국인의 사상과 삶 속에 여전히 잠재해 있었다. 조선 말기에 오면 이런 사상적 기운이 소생되어 동학으로 표출되었다. 운이 다한 유교 철학 대신에 새로운 사상과 철학을 갈망하는 민중의 염원이 동학사상과 동학운동으로 분출되었던 셈이다.

동학사상에서는 기독교의 영향이 눈에 띈다. 최제우는 심신의 수련을 통해서 도를 통한 게 아니라 극진한 기도를 통해서 하느님을 만나 영부를 얻었다. 그렇지만 동학사상은 유·불·선 삼교의 회통으로부터 멀리 벗어나지 못한다. 최제우가 마테오 리치의 『천주실의』로부터 영감을 얻었다 하더라도 서양의 과학과 철학에는 무지하였다. 그런 맥락에서 동학사상은 유·불·선 삼교의 회통을 새롭게 시도하는 사상이긴 하지만 그것을 뛰어넘어 동서사상의 만남이라는 차원에 이르지 못하였다.

동서사상의 만남은 유·불·선 삼교의 회통보다 훨씬 더 어렵고 힘든 작업이다. 유·불·선 삼교의 회통이 동양철학에 속하는 사상들의 융합이라면 동서사상의 만남은 문화와 전통이 이질적이고 적대적인 동양사상과 서양사상의 만남이기 때문이다. 게다가 동서사상의 만남이 제대로 이루어지려면 동양사상과 서양사상의 핵심에까지 파고 들어가야 하기 때문이다. 그러므로 19세기 조선에서는 가능한 일이 아니었다.

그러나 이제 21세기의 세상은 더 이상 19세기나 20세기의 세상이 아니다. 지구적 자본주의에 의해 비록 불평등하긴 하지만 동서양의 경제적인 교류는 물론 문화적인 교류도 끊임없이 이루어지고 있다. 요컨대, 서양문화가 일방적으로 동양에 영향을 주는 게 아니라 서양문화와 동양문화는 서로 영향을 주고받고 있다. 사상과 철학의 영역에서도 마찬가지다.

한국에도 20세기에 비해 이주민 노동자들이 많이 들어와 있다. 그들은 주로 동남아시아나 중앙아시아 또는 중국 등에서 건너온 사람들이므로 사회적이고 문화적인 갈등이 그다지 심각하지는 않다. 유럽의 경우는 우리와는 사정이 다르다. 유럽에는 이주민 노동자들이 아프리카, 중동 아시아 등에서 주로 건너왔기 때문에 문화적 이질성이 아주 크고 종종 사회적 갈등을 유발했다. 이런 상황에서 유럽연합은 다문화주의를 버리고 상호문화주의를 들고나오지 않을 수 없었다. 이러한 변화는 다양성을 존중하고 이주민 노동자들의 사회적응 교육을 지향하는 다문화주의가 사회적이고 문화적인 갈등을 충분히 해소하지 못했기 때문이다. 그럴 수밖에 없는 이유는 무엇일까? 서양은 문화적으로 서양 중심주의와 백인 우월주의가 강고하기 때문이다. 그리하여 이주민 노동자들은 실제로 소통의 당사자가 되지 못했다.

그리하여 현재 독일에서는 이주민과의 사회적이고 문화적인 갈등을 해소하고 더 나아가 문화적인 역동성을 창출하기 위해서 모든 학교에서 상호문화 교육을 실시하고 있다. 그리고 상호문화 철학도 국가적인 차원에서 지원하고 있는 실정이다. 그러나 상호문화 철학이 문화의 다양성을 존중하며 소통을 지향하고 관계를 중시하긴 하지만 서양 중심주의와 로고스 중심주의를 충분히 넘어서는지는 의심스럽다. 왜냐하면 서양 중심주의를 비판하는 차이의 철학과 마찬가지로 상호문화 철학도 여전히 서양의 굴레를 벗어나지 못하고 동양철학이나 사상에 무지하기 때문이다. 그러나 그것은 서양 중심주의를 완전히 극복하지 못했지만 다문화주의보다는 진일보하였고 동서사상의 만남에 좀 더 가까이 다가서는 시도라고 생각된다.

2) 동서사상의 만남이 함축하는 의미

한국에 서양철학이 수용되는 과정은 앞에서도 살펴보았지만 여기서 다시금 되새겨보자.

한국철학사를 놓고 볼 때 20세기는 철학의 공백기라고 봐도 지나치지 않을 것이다. 1910년에 일본에 합병되어 1945년까지 일본 제국주의의 식민지로 전락한 한반도에서는 한국철학의 정립을 향한 에너지가 너무나 미약하였다. 식민지의 백성이란 모름지기 생존하기 위해 몸부림치기에도 벅찼기 때문에 철학과 같은 치열한 사유를 위한 여유가 거의 없었다. 그리하여 일본 제국주의의 철학적 성과를 일본어를 통하여 받아들일 수밖에 없었다.

이 당시 식민지의 수탈을 통해 축적한 부(富)를 토대로 일본 철학은 유·불·선의 동양철학을 정리하고 서양철학을 대거 수입하였다. 서양철학 중에서는 데카르트, 칸트, 쇼펜하우어 철학이 대세를 이루었다.[30] 일본학계의 이러한 풍토에 식민지 한국도 따라가지 않을 수 없었고 일제로부터 해방된 뒤에도 오랫동안 그들의 철학이 많이 선호되었다.

해방 이후 한국의 철학 수준은 일본에 견줄 수 없을 정도로 낮았다. 철학뿐만 아니라 그 밖의 다른 모든 분야도 일본의 학문적 성과에 의존하였다. 한국인이 한국어를 통해서 철학 해야 하는데 그럴 수 없었고 일본 서적의 도움을 받아야 했다. 어쩔 수 없이 서양철학을 직수입하기 위해 해방 이후 많은 철학도들이 미국, 프랑스, 독일 등으로 유학을 떠났다. 동양철학의 경우도 크게 사정이 다르지 않았다. 한학의 전통은 식민지 시기를 거치면서 많이 끊겼는데 이제는 한국어로 한문 경전을 풀어내는 학문적 역량이 부족했다.

21세기 들어서야 동서양의 고전을 일본을 거치지 않고도 겨우 수입할 수 있는 역량이 생겨났다. 따라서 그 이전까지는 동양철학이든 서양철학이든 막론하고 베끼는 수준을 거의 넘어서지 못했다고 해야 할 것이다.

---

30) 20세기 초반 일본학계에서 데카르트, 칸트, 쇼펜하우어의 철학이 대세를 이룬 요인은 다음과 같이 추정된다. 헤겔에 따르면, 자아라는 주관성의 원리는 중세와 근대, 동양과 서양을 가르는 주요한 거점이다. 자아 자체를 근대철학의 출발점으로 삼은 최초의 철학자는 데카르트였다. 그는 방법적인 회의를 통하여 '나는 생각한다. 그러므로 나는 존재한다.(cogito ergo sum)'라는 직접적인 확신에 도달하였다. 그리고 칸트는 이 주관성의 원리를 선험적 통각(순수 자아)으로서 인식론적으로 정당화하여 자연과학의 객관성을 확보했다. 그뿐만 아니라 그는 도덕적 주체를 윤리학의 근거로 삼았다. 이런 맥락에서, 서양 근대를 사모했던 일본학자들은 데카르트와 칸트의 철학에 매료되지 않을 수 없었을 것이다. 쇼펜하우어의 염세철학은 삶의 고통과 열반이라는 불교의 기본 교리와 부합한 측면이 있었기 때문에 일본학계에서 각광을 받았을 것이다.

서양철학에 한해서 본다면 해방 이후 데카르트, 칸트, 쇼펜하우어 철학이 득세하는 가운데 1950년대부터 1970년대까지는 실존철학이 우세하던 시절이었던 것 같다. 이때 니체, 하이데거, 사르트르 등의 실존주의가 유행하였다. 1980년대 들어서는 영미의 분석철학과 헤겔 철학이 많이 연구되었다. 헤겔 철학은 마르크스주의가 금지된 상황에서 변증법을 향한 관심 때문에 많이 연구되었고 영미의 분석철학은 미국문화의 영향이었던 것 같다. 그러나 1990년대에 이르면 포스트모더니즘이 세계적으로 유행하여 프랑스의 차이의 철학이 대거 수입되었다.

이래저래 한국은 서양철학의 수입에 여념이 없었다. 물론, 우리 문제를 갖고 씨름해야지 왜 남의 문제를 갖고 씨름하느냐는 자조 섞인 비판이 나오기는 했으나 서양철학의 수입이라는 대세에 묻히고 말았다. 지금 21세기에도 사정은 크게 다르지 않다. 우리의 학문적 역량이 축적되어 일본을 거치지 않고 서양철학을 직수입하고 있지만 우리는 여전히 서양철학을 부지런히 수입하고 있다.

최근에 한국이 '세계철학의 쓰레기통'이라고 자성하면서 서양철학의 수입을 중단하고 한국철학을 정립하자는 자각이 나오긴 했지만 이런 흐름은 아직 대세가 아니다. 한국철학의 정립은 구호와 욕망만으로 성공할 수 없다. 그러므로 이런 흐름을 살리려면 쓰레기통을 비빔밥 그릇으로 만드는 길이 필요할 것이다. 그런 길은 동서 철학의 만남을 통한 한국철학의 정립으로 이어질 수 있을 것이다. 한국에는 온갖 철학이 다 들어와 있기 때문에 오히려 한국이 동서사상의 만남을 위한 최적의 장소일 수 있기 때문이다.

오늘날 인류가 직면한 두 과제, 즉 생태계 파괴를 막고 사회적 양극화 내지 불평등을 해소하는 일에 관해서는 앞에서 이미 살펴보았다. 이러한 과제들을 해결하기 위해서는 지금까지 나온 사유의 틀로는 아주 부족하다. 자본주의와 사회주의의 진영논리로는 이 과제를 해결하기는커녕 그것을 해결할 실마리조차 나오기 어렵다.

사회주의 진영에서는 자본주의의 모순과 병폐를 해결하기 위해서는 계급투쟁과 폭력혁명을 통해 공산당이 권력을 장악하고 그 뒤에는 노동계급의 정당인 공산당이 독재와 공포정치에 의해 사회주의를 실현해나가자는 생각을 하고 있다. 그러나 자본주의로부터 사회주의로 이행할 역사적 필연성은 현실적으로 소련 공산당이 붕괴함으로써 이미 무너지고 말았다. 소련 공산당은 사회주의를 실현하는 데 실패했으며 도리어 인민의 생활 수준을 하락시키고 자유를 억압했다.

그렇다고 해서 자본주의 모순과 병폐가 사라진 건 아니다. 지구적 자본주의는 사회적 양극화 내지는 불평등을 심화시키고 있으며 생태계를 돌이킬 수 없을 정도로 파괴하고 있다.

이와 같은 미증유의 사태를 해결하기 위해서는 사유의 틀을 획기적으로 바꾸어야 한다. 낡은 이데올로기와 정치적 구호는 해체되어야 한다. 그렇기 때문에 우리는 이런 과제를 해결하기 위한 최소한의 사상적 기반을 마련하는 게 바람직하지 않을까. 이러한 사상적 기반은 동서사상의 만남을 통해 닦을 수 있을 것이다. 이런 맥락에서 동서사상의 만남이 함축하는 의미를 다음과 같이 제시할 수 있을 것이다.

첫째로, 동서사상의 만남은 한국철학의 지리멸렬한 상태를 극복하여 한국철학이 세계철학으로 뛰어오를 수 있는 계기를 마련할 수 있을 것이다. 서양철학에도 서양 중심주의를 벗어나서 그것을 해체하려는 움직임이 본격적으로 일어나고 있다. 타자의 철학이나 다문화주의는 서양철학에서도 한물간 것으로 인식되어 상호문화주의와 같은 철학적 흐름이 나오고 있다.

본인에게도 그런 주제에 관해 집필을 요청하는 전자우편을 한국헤겔철학회를 경유하여 받았다. 〈Hegel Bulletin〉이라는 잡지에서 「헤겔 철학에서의 인종주의와 식민주의」라는 제목의 특별기획을 소개하고 헤겔 철학의 서양 중심주의, 인종적 편견, 식민지 침략, 젠더 문제 등에 관해 글을 써 줄 것을 요청해왔다. 헤겔학회가 이런 정도라면 서양철학도 동서사상의 만남을 꺼리지 않는다고 감히 말할 수 있을 것이다. 그래서 지금이 동서사상이 만날 수 있는 적기다. 우리가 이 시기를 놓치지 않고 동서사상의 만남에 서둘러 나아간다면 이것은 한국철학을 정립하는 좋은 계기가 될 것이다.

둘째로, 동서사상의 만남은 우리 시대의 과제를 해결할 수 있는 사상적 기반을 제공할 수 있을 것이다. 오늘날 우리가 맞닥뜨린 과제는 과거의 어떤 과제와도 다른 미증유의 과제다. 이런 미증유의 과제를 해결하려면 그것은 과거의 전통을 계승하면서도 과거와는 차원이 다른 새로운 사유가 되어야 할 것이다. 그런 사유는 동서사상의 만남을 통해서만 나올 수 있을 것이다. 어려운 일이지만 우리는 반드시 해내야만 하리라.

셋째로, 동서사상의 만남은 동양적인 문화와 서양적인 문화의 갈등을 해소할 수 있다. 동양적인 문화와 서양적인 문화의 차별을 떠나 그것들의 차이를 인정함으로써 그런 갈등은 어느 정도 완화될 수 있을지 모르나 해소되기는 어렵다. 그러나 동서사상의 만남이 동서사상의 단점은 지양하고 동서사상의 장점은 극대화함으로써 그런 갈등은 겨우내 쌓였던 눈이 봄에 녹듯이 사라질 수 있을 것이다.

넷째로, 디지털 자본주의 발전에 따라서 온 지구촌이 자아 중독의 열병에 걸려 있고 앞으로 자아 중독은 점점 더 심각해질 것 같다. 자아 중독은 자아도취적 인격장애, 성격장애를 낳을 수 있고 실제로 그런 장애에 걸린 사람들도 날로 늘어나고 있다.[31] 동서사상의 만남은 그런 장애를 예방하고 그런 사람들을 치유할 수 있는 길도 제시할 수 있을 것이다.

이런 여러 가지 의미를 동서사상의 만남이 함축할 수 있으므로 그런 만남은 오늘날 절박할 뿐만 아니라 중요하다고 할 수 있다.

---

31) 조흥길, 『나를 향한 열정』, 한국학술정보, 2017, p.99 이하를 참고하라. 자아를 탐구하고 자아에 집착하는 자아 중독은 자기 욕구, 자유만 추구하여 남을 해치는 방향으로 나아가기 때문에 바람직하지 않을 것이다. 나치에 사형당한 독일의 신학자 "본 회퍼는 자유를 발견하는 길은 자아에 예속되는 것이 아니라 자아에서 탈출하는 것이라고 말한다"(폴 콜리어, 『자본주의의 미래』, 김홍식 옮김, 까치, 2020, p.185.)

동서사상은 어떻게 만나야 하는가?

_____ 04

1) 서양 중심주의의 해체

서양 중심주의는 19세기에 강고해졌다가 20세기 초반부터 점차 약화하기 시작했다. 20세기 초반부터 서양철학의 한가운데서 서양문화에 대한 위기의식이 터져 나오기 시작했기 때문이다. 슈펭글러의『서구의 몰락』을 필두로 해서 훗설의『유럽 학문의 위기와 선험적 현상학』은 서양문화에 대한 위기의식을 느끼고 서양철학의 한계를 돌파하려는 몸부림이었다.

훗설의 수제자 하이데거는 현상학으로부터 실존철학으로 방향을 바꾸고 나서 서양문화의 위기가 서양 형이상학의 존재 망각에서 비롯되었다고 진단하였다. 그래서 그는 새로운 존재론을『존재와 시간』에서 제안하기도 하였다. 또 프랑크푸르트학파를 창시한 호르크하이머와 아도르노도『계몽의 변증법』을 써서 서양의 계몽주의를 비판하였다. 그들은 이 책에서 서양 계몽주의의 야만성과 폭력성이 그리스문화에 기원하고 있음을 밝혔다. 그러나 이

때까지만 해도 서양문화나 서양철학의 서양 중심주의가 전면적으로 공격받거나 비판받지 않았다.

20세기 중반에 프랑스에서 차이의 철학이 쏟아지자 서양 중심주의는 전면적으로 공격받고 비판받았다. 차이의 철학자 가운데 데리다는 서양 중심주의의 해체를 주장했고 들뢰즈는 서양의 나무 사유 체계를 비판하면서 동양의 유목적 사유를 제안했다.

특히 데리다는 서양철학의 서양 중심주의가 로고스 중심주의이자 인간중심주의임을 플라톤, 헤겔, 훗설의 텍스트 분석을 통하여 입증하려고 하였다. 그는 이러한 서양 중심주의는 철학적으로 잘못된 위계질서에 근거하고 있음을 밝혀내고 서양 중심주의를 전면적으로 해체할 것을 요구했다. 그는 서양철학의 로고스 중심주의를 벗어나기 위해서 차이(différance), 흔적(trace), 대리보충(supplément)과 같은 개념 아닌 개념을 제시하였다.

데리다의 이러한 시도는 유럽의 많은 서양 철학자들에게 상처를 주었다. 그래서 그는 그들의 격렬한 비판을 받았고 반발을 샀다. 그 반면에 그의 해체철학은 미국에서는 대단히 큰 환호를 받았고 큰 영향을 끼쳤다. 이러한 반발과 환호를 받는 가운데서도 그의 서양 중심주의 해체는 21세기에서도 다방면에 영향을 주었다.

서양철학과 서양문화가 이제 더 이상 철학과 문화의 모범으로 간주되지 않게 되었다. 그리하여 유럽에서는 상호문화정책이 다문화 정책을 대신하게 되었다. 그만큼 유럽에서 서양 중심주의가 약화한 셈이다. 그러나 여전히 백인우월주의와 인종차별은 서양문화의 저변에 끈질기게 자리 잡고 있어서 서양 중심주의가 다시 살아나 여러 심각한 문제와 갈등을 일으키고 있다.

이렇게 된 이유가 무엇일까? 두 측면에서 생각할 수 있을 것이다. 첫째로, 하이데거와 데리다 등이 시도했던 서양철학의 서양 중심주의 비판과 해체가 철저하지 못했기 때문일 것이다. 둘째로, 문화의 일상은 철학적 비판과 해체만으로는 바뀌기 힘들기 때문일 것이다.

그들은 서양철학의 한계와 위기 극복을 서양철학 내부에서, 예컨대, 하이데거는 존재(Sein)에서, 데리다는 차이(Différance)에서 찾으려고 했지 서양철학 바깥으로 나가려고 하지 않았다. 게다가 그들은 동양철학을 잘 몰랐고 알려고도 하지 않았다. 예컨대, 서양철학을 비판하던 들뢰즈조차도 유목적 사유를 동양의 사유로 잘못 알고 있었던 듯하다. 그리하여 서양철학의 한계와 위기는 해소되지 않은 채 수면 아래로 가라앉아버렸고 백인우월주의와 인종차별은 여전히 서양문화의 밑바닥에 버티고 있게 되었다.

그러니 서양 철학자들은 타자의 환대니 바깥의 사유니 하는 공허한 수사를 반복적으로 뇌까릴 게 아니라 타자와 만나고 바깥으로 나가는 사유의 모험을 진정성 있게 감행해야 할 것이다. 서양의 타자와 바깥은 동양이므로 서양 철학자들은 동양철학을 연구하고 동양문화를 꺼리지 않고 접해야 할 것이다. 그러나 서양 철학자들은 결코 그렇게 하지 않을 것 같다.

게다가 이미 서구화된 동양에서도 서양문화와 서양철학에 길들어져서 사람들은 동양철학을 비하하고 서양문화를 무비판적으로 받들고 서양철학을 앵무새처럼 되풀이하고 있다. 그렇지 않으면 그들은 국수주의적으로 동양철학을 신비화하고 있기도 하다.

어찌 보면 철학은 넘쳐나는데도 철학이 없는 기묘한 시대가 21세기인지 모른다. 이런 상황에서도 어쨌든 우리는 동서사상의 만남을 통해 서양 중심주의를 돌파해나가야 할 것이다. 이럴 경우 데리다의 해체철학이 모범답안은 아니지만 도움이 될 수 있을 것이다.

지구적 자본주의에서 철옹성처럼 견고하게 버텨왔던 서양문화와 서양철학의 서양 중심주의는 이제 조금씩 그 힘이 약화하고 있다. 그러나 이러한 서양 중심주의는 여전히 지구적 자본주의의 밑바닥에 웅크리고 있다. 그래서 21세기는 우리가 서양 중심주의의 해체를 더욱 가열 차게 밀고 나가야 할 때인 것 같다.

2) 사상의 핵심을 통한 동서사상의 만남[32]

동서사상의 만남은 동서사상을 단순히 비교하여 그 공통분모를 찾아가는 작업이 아니다. 그런 작업은 옛날부터 많이 있었고 별로 어려운 일도 아니다. 왜냐하면 동서사상의 차이는 얼핏 보아도 쉽사리 드러나고 부분적으로 유사한 점도 쉽게 찾을 수 있기 때문

---

32) 이 주제에 관해서는 조홍길, 『헤겔, 역과 화엄을 만나다』, 한국학술정보, 2013을 참고하라.

이다. 그러나 동서사상의 만남을 철학적으로 이루려는 작업은 그리 쉬운 일이 아닐 것이다. 동서사상을 어느 정도 충분히 이해해야 하고 그러기 위해서는 동서사상의 언어와 문법을 어느 정도 터득해야 하기 때문이다.

그런데 동서사상의 만남은 동서사상을 비교하는 걸로 끝나는 것이 아니다. 또한 동서사상의 만남은 피상적인 유사성이나 부분적인 유사성에 집착해서 이루어질 수 있는 것도 아니다. 그러므로 동서사상의 만남은 그렇게 만만한 작업이 아니다. 그러나 동서사상은 다 같이 인간의 사상이므로 인간의 유전자처럼 그것들은 서로 얼마든지 통하고 만날 수 있다.

동서사상의 만남을 위해서는 우리는 동서사상의 핵심에까지 파고 들어가야 한다. 다시 말해, 동서사상의 만남은 동서사상의 핵심에서 이루어져야 한다. 동서사상의 핵심은 뭐니 뭐니 해도 형이상학이다. 철학은 형이상학, 논리학, 윤리학 등의 여러 세부분야가 있지만 그 본령은 형이상학이다. 형이상학이 사유의 가장 순수하고 추상적인 영역이기 때문이다. 그리고 형이상학의 핵심영역은 존재론이다. 그래서 동서사상의 만남은 존재론에서 이루어지는 게 좋을 것 같다. 물론 동서사상의 만남이 형이상학이 아닌 다른 곳에서도 얼마든지 이루어질 수도 있을 것이다. 그러나 그런 만남은 사상의 핵심에 도달하지 못하기 때문에 피상적인 만남을 면치 못한다.

동서사상의 핵심에까지 파고 들어가려면 동서사상의 이해가 필수적이다. 서양사상을 이해하기 위해서는 우리는 영어, 독일어, 라틴어, 희랍어 등과 같은 언어의 장벽을 넘어야 할 뿐만이 아니라 그리스철학과 기독교의 전통을 알아야 한다. 동양사상을 이해하기 위해서는 한문, 산스크리트어, 팔리어 등과 같은 언어의 장벽을 넘어야 할 뿐만 아니라 유·불·선 삼교의 철학을 이해해야 한다. 이와 같은 작업을 한 개인의 노력으로 이행될 수 있는 게 아니다. 사회의 문화적 역량이 성숙해야 될 것이다. 그러나 동서 사상의 핵심을 파악하는 일은 철학자 개인의 통찰에 달려 있을 수 있다.

이를테면, 기독교의 사랑, 불교의 자비, 유교의 인(仁)은 일맥상통할 수 있다. 하지만 사랑, 자비, 인은 윤리적 차원에 있으므로 사상적인 만남은 이루어지지 않는다. 그렇지만 기독교의 사랑에는 삼위일체의 사상이, 불교의 자비에는 연기 사상이, 유교의 인에는 만물 일체의 사상이 깔려 있다. 그런데 삼위일체의 사상, 연기 사상, 만물 일체의 사상은 모두 다 관계적 존재론이다. 그렇다면 관계적 존재론에서 동서사상이 만날 수 있는 것이다.

이에 관해서는 『헤겔, 역과 화엄을 만나다』, 『무아의 새벽』, 『기술과 만남』 등에서 이미 논의한 바가 있기에 여기에서는 간략하게나마 언급하겠다.

본인은 10년쯤 전에 『헤겔, 역과 화엄을 만나다』를 썼다. 거기에서 관계의 사유에 바탕을 두고 헤겔의 형이상학과 동양의 형이상학인 음양 사상과 연기 사상의 만남을 주선하는 사유의 모험을 감행한 적이 있다. 그러나 관계의 사유와 관계적 존재론은 같은 뜻이긴 하지만 그때는 관계적 존재론이라고 분명히 인식한 건 아니었다. 또한 헤겔의 형이상학에만 근거해서 동서사상의 만남을 이루려고 하였다.

그렇지만 이 글에서는 헤겔의 형이상학은 물론 프랑스의 차이의 철학에도 근거해서 동서사상의 만남을 이루려고 할 것이다. 아울러 여기에서는 서양철학의 맥락이나 동양철학의 맥락을 넘어서서 동서사상의 만남이라는 맥락에서 동서 형이상학의 핵심사상을 살펴볼 것이다. 그럼 지나간 이야기들을 간단히 살펴보자.

헤겔은 서양의 형이상학을 완성한 철학자로 간주된다. 그는 『논리학』에서 고대의 존재론을 비판적으로 구축하려고 하였다. 그에 따르면 존재하는 모든 것은 그 자신이면서 동시에 그 자신을 넘어 서 있다. 헤겔은 이것을 부정적 자기 관계, 즉 자기에 대해 부정적인 관계라고 불렀다. 존재하는 모든 것은 자기와 부정적으로 관계함으로써 타자로 이행하고 타자와 관계한다. 따라서 존재하는 모든 것은 타자와의 관계에서 그 자신으로 존립할 수 있는 셈이다. 이것이 관계적 존재론이다. 그리고 그는 기독교의 삼위일체도 그런 식으로 이해한다. 신(성부)은 그 자신에만 머물러 있을 수 없고 자신의 타자인 아들(성자)로 가서 성령을 매개로 다시 그 자신으로 돌아온다.

동양의 형이상학은 역(易)의 음양 사상과 불교의 연기 사상이 있다. 음양 사상은 유교와 도교의 핵심사상이고 연기 사상은 불교의 핵심사상이다.

역의 음양 사상은 『주역』의 64괘에 잘 드러나 있다. 64괘는 만사 만물을 상징한다. 그리고 64괘는 음양의 이치에 따라 배열되어 있다. 64괘의 어떤 괘라도 음양의 추이나 변역(變易), 반역(反易), 교역(交易)에 따라 서로 연결되어 있다. 따라서 64괘는 음양에 바탕을 두고 서로 연결되고 변화한다. 바꾸어 말하면 64괘는 만사 만물을 상징하므로 존재하는 모든 것이 음양의 관계에 바탕을 두고 서로 연결되고 변화하는 셈이다.

음양의 관계란 음이 있으면 양이 있고 양이 있으면 음이 있다는 음양의 대대(待對)를 의미한다. 존재하는 모든 것은 음 아니면 양이다. 그러므로 음양 사상도 역시 관계적 존재론이다.

불교는 초기에 형이상학을 부정하였다. 따라서 불교의 연기 사상은 형이상학이 아니라고 말할 수 있을 것이다. 그러나 연기 사상은 애당초 존재론적 성격이 깊이 함축되어 있었다. 그래서 그것은 아함연기로부터 화엄의 법계연기로 전개되면서 형이상학 내지는 존재론으로 발전한다. 법계연기의 인다라망(因陀羅網)이라는 비유에서는 존재하는 모든 것은 때로는 영상을 비추는 거울이 되고 때로는 거울에 비친 영상이 되어 서로 비추고 비치는 관계에 들어선다. 인다라망의 한 그물코를 잡아당기면 온 그물이 딸려 나오듯이 존재하는 모든 것이 연결되어 있다고 화엄 철학에서는 보고 있다. 따라서 인다라망은 64괘처럼 일종의 연결망(Network)으로 간주해야 할 것이다. 따라서 법계연기 또한 관계적 존재론이다.

결국 헤겔의 존재론, 음양 사상, 연기 사상은 다 함께 관계적 존재론에서 서로 만날 수 있다.

차이(Différance)와
리좀(Rhizome)

데리다와 들뢰즈는 20세기 후반을 풍미했던 프랑스의 차이의 철학자들이다. 그들은 둘 다 헤겔 철학으로부터 큰 영향을 받았지만 헤겔의 변증법적인 동일성 철학을 극복하려고 했던 철학자들이다.

> 헤겔은 차이란 그 자체로 모순적이라고 말한 바 있다. 그러나 이제 문제는 차이를 동일성의 반대로 여기거나 동일성과 《변증법적으로》 동일하다고 간주하지 않는, 즉 차이에 대한 비모순적, 비변증법적 사고의 길을 닦는 것이다. 이런 어려움과 부딪히면서 프랑스 철학은-질르 들뢰즈와 작끄 데리다의 모습으로-결국 문제의 가장 어려운 핵심에 접근한다.33)

이를 위하여 데리다는 개념이 아닌 개념인 차이(Différance)를, 들뢰즈는 리좀(Rhizome)이라는 개념을 고안하여 헤겔 철학의 체계적 폐쇄성과 동일성을 해체하려고 하였다.

여기서는 그들 두 철학자의 사상 전모를 밝히려고 하지는 않을

---

33) 벵쌍 데꽁브, 『동일자와 타자』, 박성창 옮김, 인간 사랑, 1993, p.169.

것이다. 관계적 존재론을 잘 드러내는 차이(Différance)와 리좀 (Rhizome)만을 살펴보겠다.

1) 차이(Différance)

데리다의 개념 아닌 개념인 차이(Différance)와 들뢰즈의 리좀 (Rhizome) 개념도 역시 다 같이 헤겔의 형이상학과 존재론과 연 계된다. 그러면서도 그것들은 헤겔의 형이상학과 존재론을 배반 하고 넘어선다. 바꿔 말하자면, 그들은 서양의 전통적인 형이상학 과 존재론과 결별하고 새로운 사유의 가능성을 제시하려고 했다.

플라톤으로부터 시작해서 헤겔을 거쳐 훗설에 이르는 서양의 전통적 형이상학과 존재론은 중심과 주변, 자기와 타자라는 유기 적으로 위계화되어 통일된 관계를 이룬다. 이 형이상학과 존재론 은 본질, 근거, 근원이라는 중심을 잡고 이 중심에서 파생되어 나 온 우주와 세계를 로고스(Logos)[34]에 입각해 파악하고 설명하려 고 한다. 그리하여 그것은 서양철학과 문화를 철학과 문화의 중심 으로 삼고 동양철학과 문화를 타자로 간주하여 자신의 주변으로 밀어냈다. 이런 맥락에서 서양의 전통적 형이상학과 존재론은 서 양 중심적이자 동시에 로고스 중심적이다. 데꽁브는 이를 다음과 같이 표현하였다.

---

34) Logos는 이성뿐만 아니라 말을 뜻하기도 한다.

철학은 〈서구인의 이데올로기〉이다. 사실적 상황을 당위적으로 기초된 것으로 제시하고 전통적 특권을 자연적 우위로 제시하는 담론은 이데올로기이다. 이성은 그것이 《이성》(이 세상에 있는 모든 사람들을 비추는 빛)으로 제시되는 한 그것은 부정과 폭력의 한 예이다.[35]

과감하게도, 데리다는 차이(Différance)라는 개념 아닌 개념을 고안하여 서양의 전통적 형이상학의 로고스 중심주의와 서양 중심주의를 해체하려고 하였다.[36] 이 때문에 그는 많은 비판을 받기도 했지만 동시에 큰 환영도 받았다.

차이(Différance)는 사전에 나오지 않는 말, 틀린 말이고 따라서 단어도 아니고 개념일 수도 없다. 그렇기 때문에 그것은 로고스 중심적 체계에서는 자리 잡을 수 없다.

차이(Différance)는 데리다가 서양의 전통적 형이상학을 해체하려고 고안한 용어이다. 그래서 그것은 우선 헤겔의 차이(Differenz) 개념을 겨냥한다. 헤겔『논리학』의 「본질론」에는 동일성, 차이, 대립, 모순이라는 반성규정들이 있다. 얼핏 보면 헤겔은 차이 개념을 옹호하는 것처럼 보인다. 그러나 그것은 개념의 운동에 따라 대립과 모순 개념을 경유하여 근거로 몰락함으로써 동일성으로 지양되어 버린다. 이에 반해 데리다는 동일성으로 지양되어 환원되지 않는 차이 개념을 염두에 두었다. 동일성에 잡아먹히지 않는 차이 개념을 만들기 위해 데리다는 기발한 용어를 착안하게 되었다. 바

35) 벵쌍 데꽁브, 『동일자와 타자』, 박성창 옮김, 인간 사랑, 1993, p.170.
36) 조홍길, 『헤겔의 사변과 데리다의 차이』, 한국학술정보, 2011을 참고하라.

로 그것이 차이(Différance)다.

우리가 차이를 사유할 때 매개될 수 있는 관계가 동반되지 않을 수 없다. 그런 점에서 헤겔의 존재론은 관계적 존재론이다. 헤겔은 서양의 전통적 형이상학자들 중에서 가장 심오하게 차이와 타자를 사유한 철학자다. 그 반면에 그는 변증법적 개념의 운동을 통해서 체계적으로 차이를 동일화하고 타자를 자기화한 철학자이기도 하다. 바로 이런 점이 데리다가 헤겔에 반기를 드는 지점이다. 동일 성으로 지양되지 않는 차이, 대립으로 이어지지 않고 차이로 머무 는 차이가 데리다의 차이(Différance)다.

차이(Différance)는 차이(Différence)와 발음이 같다. 그래서 발음 상으로는 그것들이 구분되지 않는다. a를 확인해야 그것들의 차이 를 확인할 수 있다. 그러나 차이(Différance)와 차이(Différence)의 차이는 보이지도 않는다. 그런 점에서 그것은 더 이상 감성적인 것에 속하지 않는다. 그리하여 그것은 감성과 지성의 대립에도 저 항한다.

이런 관점으로부터, 'differ()nce'에서 표시된 e와 a 사이의 차이는 시각과 청각 둘 다 회피한다. 이것은 그것이 더 이상 감성에 속하지 않는 질서를 가리키도록 여기서 허 용되어야 한다는 것을 다행하게도 시사한다. 그러나 그것은 가해성(l'intelligibilité)에 도, 이론이나 지성의 객관성과 튼튼하게 엮인 관념성에도 속할 수 없다. 그러므로 그것 이 감성적인 것과 지성적인 것 사이의 대립, 즉 철학이 세우는 대립에 저항하는 질서를 가리키도록 여기서 허용되어야 한다.[37]

---

37) J. Derrida, *Marges de la Philosophie*, Les Éditions de Minuit, 1972, p.5.

차이(Différence)는 '다름'이라는 의미만 있다. 그러나 차이(Différence)의 동사형 différer는 '다르다'와 ' 지연하다'라는 두 가지 의미를 갖는다. 데리다는 차이(Différance)에 이 두 가지 의미가 함축되어 있다고 보았다. 또한 그는 그것을 능동적인 것도 수동적인 것도 아니라 중간태로 해석하였다. -ance로 끝나는 말은 프랑스어에서 명사이면서 동시에 동사를 함축하기 때문이다.

그럼 개념도 아니고 단어도 아닌 차이(Différance)는 도대체 철학적으로 무엇을 의미하는가? 데리다는 그것이 공간적 차이(공간화)와 시간적 지연(시간화)의 의미를 동시에 함축하고 있다고 본다. 기호의 의미를 놓고 볼 때 기호의 의미는 다른 기호와의 차이를 통해서 규정되기도 하지만 과거의 기억과 미래의 전망에 따라 끊임없이 지연되는 셈이다. 그리하여 차이(Différance)가 차이(Différence)의 효과가 아니라 거꾸로 차이(Différence)가 차이(Différance)의 효과인 셈이다. 차이(Différance)는 동일성으로 환원되지 않는 구조이면서 운동이기 때문이다.

헤겔의 차이 개념에 저항하고 하이데거의 존재론적 차이를 능가하는 데리다의 차이(Différance)는 공간화이면서 동시에 시간화이다. 그렇기 때문에 그것은 존재하는 모든 것이 공간적이고 시간적인 관계들의 연쇄 안에 놓여 있음을 의미한다. "모든 것은 그것 '바깥'에 있는 공간적이고 시간적인 관계들의 장(Field) 또는 *유희* '내부'에 있다."[38]

기호의 의미를 놓고 볼 때 우리는 이것을 쉽게 이해할 수 있다.

어떤 기호의 의미는 다른 기호들과의 차이를 통해서 생겨나지만 동시에 시간상으로 그 의미는 끊임없이 지연된다. 그것은 기호의 내부에서 형성되는 게 아니라 기호 바깥의 공간적이고 시간적인 관계들의 연쇄(맥락, 상황의 변화 등) 안에서 형성된다. 그래서 기호의 의미는 궁극적으로 규정될 수 있는 게 아니라 끊임없이 지연될 수밖에 없다. 이런 점에서 폐쇄된 체계의 고정된 의미의 현전은 파열되지 않을 수 없다. 그러므로 데리다의 차이(Différance)는 서양의 전통적 형이상학의 현전을 무너뜨리고 그 닫힌 관계를 열어젖히는 셈이다.

데리다는 헤겔 철학에 나오는 개념의 운동을 무척 싫어했다. 그런 개념의 운동이란 로고스 중심적이라고 그는 생각했기 때문이다. 그 반면에 철학은 개념의 창조라고 주장한 들뢰즈는 헤겔 철학에 나오는 개념의 운동을 긍정적으로 보았다. 이런 점에서 데리다와 들뢰즈는 확실히 서로 다르다. 그러나 그들은 서양의 전통적 형이상학이 품고 있는 로고스 중심주의와 서양 중심주의 그리고 중심과 주변, 본질과 현상이라는 이항대립의 위계질서에 저항하고 그것들을 뒤흔든다는 점에서 아주 유사하다. 들뢰즈 철학의 리좀이라는 개념은 데리다의 차이(Différance)에 상응한다. 이 개념은 들뢰즈 철학의 핵심개념이라 할 수 있다. 바로 다음에서 살펴보자.

---

38) N. Lucy, *A Derrida Dictionary*, Blackwell, 2005, p.27.

2) 리좀(Rhizome)

들뢰즈는 좌파 정신분석학자 가타리를 만나기 전에는 차이의 사상가로 활약하고 있었지만 가타리를 만나고 나서는 욕망의 철학자로 탈바꿈하였다. 그리하여 그는 가타리와 함께 『자본주의와 분열증』 1권과 2권을 출판함으로써 철학자로서 자본주의에 대한 새로운 상상력을 보여주었다. 특히 2권인 『천 개의 고원』에서는 데리다의 차이(Différance)의 기발함에 필적하는 개념인 리좀 개념을 만들어냈다.

리좀 개념은 『천 개의 고원』 서두에 나오는 들뢰즈 철학의 중요한 개념이다. 조직과 경영에 관심이 많은 학자들은 탈중심화된 유연한 수평적 조직이라는 영감을 이 개념에서 찾으려고 하였다. 그러나 이 개념은 차이(Différance)와 마찬가지로 서양의 전통적 형이상학이 내세우는 서양 중심주의, 로고스 중심주의 그리고 이항대립의 위계질서를 해체하는 차원에서 존재론적으로 해석되는 게 좋을 듯하다. 플라톤, 헤겔, 훗설과 같은 서양의 전통적 형이상학자들은 유기적으로 위계화되어 통일된 관계를 지향하였다. 그 반면에 데리다와 들뢰즈는 이 관계를 열어젖히는 사유의 모험을 감행했던 셈이다. 그렇지만 차이(Différance)보다는 리좀 개념이 관계라는 측면을 더 명확하게 드러낸다고 할 수 있다.

리좀은 식물학에서 빌려온 개념으로 뿌리줄기를 가리킨다. 식물이라고 하면 뿌리-줄기-가지-잎과 같이 구성되는 수목형 식물을 우선 떠올릴 수 있다. 수목형 식물은 뿌리에서 물과 영양분을 흡수하여 줄기, 가지, 잎으로 보낸다. 따라서 그것은 뿌리가 중심이 되고 줄기, 가지, 잎은 주변이 되는 위계화된 구조를 갖는다. 바꾸어 말하자면, 이 구조에서는 뿌리가 근원, 본질이 되고 줄기, 가지, 잎은 표면적 현상이 된다. 그리하여 뿌리가 줄기, 가지, 잎보다 더 중요한 것이다. 서양의 전통적 형이상학은 이처럼 위계화된 구조를 갖추고 근원과 본질에 집착하는 경향이 있다고 들뢰즈는 진단하였다. 그래서 서양의 전통적 형이상학이 보이는 이런 경향을 깨기 위해서 데리다는 차이(Différance)를, 들뢰즈는 리좀 개념을 고안하였다.

들뢰즈는 뿌리가 없이 줄기로만 수평적으로 왕성하게 뻗어 나가는 리좀을 내세워 서양의 전통적 형이상학에 저항하였다. 그의 리좀 개념은 오늘날 디지털 자본주의와 잘 맞아떨어졌기 때문에 대중의 각광을 받았다. 아마도 21세기는 차이(Différance)나 리좀과 같은 개념으로 시작해야 하지 않을까 생각된다.

데리다의 차이(Différance)와 들뢰즈의 리좀 개념은 서로 다르다. 데리다는 헤겔 철학의 개념과 생성을 아주 싫어했지만 들뢰즈는 헤겔 철학의 개념과 생성을 아주 좋아했다. 그래서 차이(Différance)는 개념도 생성도 아니지만 리좀은 개념이면서 생성이다. 그러나 그것들은 다 같이 서양의 전통적 형이상학이 내세우는 이항대립의 위계질서를 해체하고 탈중심화한다. 그런 점에서 그것들은 아주 유사하다. 데리다와 달리 들뢰즈는 서양 중심주의라는 용어를 사용하지 않았다. 그 대신에 그는 서양의 전통적 형이상학과 문화를 수목적 체계라고 시종일관 비판하였다.

나무란 뿌리-줄기-가지-잎이라는 위계적 구조를 갖는다. 뿌리에서 줄기, 가지, 잎이 나오며 잎은 뿌리의 사본이다. 이데아(Idea)라는 근원이 있고 감각적으로 존재하는 모든 것은 이데아를 재현하는 사본이라는 플라톤의 형이상학은 나무 체계와 꼭 흡사하다. 그리하여 뿌리는 나무의 중심이자 근원이라고 할 수 있다. 뿌리는 물을 흡수하고 잎은 빛을 받아 광합성작용을 하기 때문에 나무는 안과 밖이 분명하게 구분되는 수직적 구조이다. 따라서 나무는 뿌리-줄기-가지-잎으로 유기적으로 연결되지만 뿌리라는 중심과 근원에 근거해서 줄기, 가지, 잎이 통일되는 유기체라 할 수 있다.

그렇기 때문에 나무 체계는 이질적인 다양체를 함축할 수 없다. 나무 체계가 수염뿌리라고 해도 사정은 마찬가지다. 서양의 전통적 형이상학이 품고 있는 이항대립의 위계질서는 수염뿌리에서도 사라지지 않기 때문이다.

나무 체계와는 달리 리좀은 이러한 위계질서를 무너뜨리면서 이질적인 다양체와 연결되고 접속될 수 있다. 리좀은 뿌리가 없어 줄기로 수평적으로 뻗어 나갈 수 있기 때문이다. 그것은 뿌리와 줄기의 구분이 없기 때문에 탈중심화되어 있고 어떤 지점에서도 다른 어떤 지점과 연결되고 접속된다. 따라서 그것은 중심이 여러 곳에 있는 게 아니라 통일된 중심이 아예 없다. 그런 점에서 중앙

처리장치를 갖추지 않는 뇌 신경 체계와 유사하다.

또한 리좀은 자기 자신을 복제하는 나무 체계와 달리 지도이기도 하다. 지도는 사물의 사본이 아니다. 그것은 다양하게 사용될 수 있고 그릴 수 있으므로 자기 폐쇄적이지 않아 열려 있기 때문이다. 그리하여 리좀은 유기적으로 위계화되어 통일된 관계를 거부한다. "리좀은 중앙 집중화되어 있지 않고, 위계도 없으며, 기표 작용도 하지 않고, 〈장군〉도 없고, 조직화하는 기억이나 중앙자동장치도 없으며, 오로지 상태들이 순환하고 있을 뿐인 하나의 체계이다. 리좀 안에서 중요한 것은 … 나무 형태의 관계와는 완전히 다른 모든 관계이다."[39]

그는 이러한 나무 형태의 관계가 리좀 형태의 관계로 전환되어야 한다고 주장했다. 그리고 나무 형태의 관계는 서양의 전통적 형이상학과 문화에 상응하고 리좀 형태의 관계는 동양의 문화에 상응한다고 들뢰즈는 주장함으로써 서양 중심주의라는 용어를 사용함이 없이 서양의 전통적 사유와 문화를 비판하였다.

참 이상한 일이다. 나무가 왜 그토록 서양의 현실과 모든 사유를 지배해 왔는가? … 서양은 숲과 벌채와 특권적 관계를 맺고 있다. 숲을 정복해서 생겨난 밭에는 종자식물을 심었다. 종을 기반으로 하여 나무 유형을 한 혈통 재배의 대상을 말이다. 한편 휴경지에는 목축을 했는데, 이때도 혈통을 선별하여 동물 나무 형태를 만들었다. … 동양은 숲과 밭보다는 스텝과 정원(그렇지 않을 경우에는, 사막과 오아시스)과 관계되어 있다. 동양은 개체를 조각내면서 나아가는 덩이줄기 문화를 갖고 있다. … 우리 유럽인은 나무가 몸

---

39) 질 들뢰즈/ 펠릭스 가타리, 『천 개의 고원』, 김재인 옮김, 새물결, 2001, p.48.

안에 심겨 있어서 성도 경직시키고 지층화했다. 우리 유럽인은 리좀이나 풀을 잃어버렸다.[40)]

나무 형태의 관계가 혈통 관계라면 리좀 형태의 관계는 결연 관계다. 그래서 리좀 형태의 관계는 시작과 끝이 없다. 그것은 사물들 사이에 있는 중간적인 것이다. 그것의 바람직한 모습은 잡초의 생명력이다.[41)]

여기서 들뢰즈가 말하는 동양은 초원과 사막에 사는 유목민의 동양인 것 같다. 한국, 중국, 일본과 같은 동아시아는 그것에 꼭 들어맞는 것은 아니다. 동아시아의 전통적 형이상학과 문화는 서양의 전통적 형이상학과 문화와 다르지만 그가 말하는 리좀과도 거리가 먼 이항대립의 위계질서라는 특징도 얼마간 띠기 때문이다.

예컨대, 음양의 위계질서—양을 높이고 음을 낮춘다—라든가 삼강오륜이 그렇다. 그런데도 동아시아의 전통적 형이상학과 문화는 서양의 전통적 형이상학과 문화와 달리 그가 말하는 리좀 형태의 특징도 많이 지니고 있다. 예컨대, 시작도 끝도 없다는 리좀 형태의 관계는 역의 음양 사상과 불교의 연기 사상의 주요한 특징이다. 그리고 역의 음양 사상과 불교의 연기 사상은 혈통 관계와 아무런

---

40) 앞의 책, p.41-p.42.
41) 잡초와 함께 바이러스도 리좀적이다. 우리가 현재 경험하고 있다시피, 바이러스는 중심이 없이 사람과 사람 사이에서 중간적으로 퍼져 나가고 있다. "우리는 우리의 바이러스와 더불어 리좀이 된다. 또는 오히려 우리의 바이러스가 우리가 다른 짐승들과 더불어 리좀이 될 수 있게 해준다. … 우리는 유전병이나 가문의 병보다는 오히려 다형(多形)적이고 리좀적인 독감 때문에 진화하거나 죽는다."(앞의 책, p.27-p.28)

상관이 없고 오히려 리좀의 결연 관계와 유사하다. 『주역』의 64괘는 어느 괘라도 다른 괘와 연결되고 접속되며 연기 사상에서는 어떤 것이라도 다른 것과 인과적으로 연결되고 접속되기 때문이다.

데리다의 차이(Différance)와 들뢰즈의 리좀은 서로 다르지만, 근원을 추구하고 중심에 놓으려는 자기 폐쇄적인 서양의 전통적 형이상학을 해체하려고 한다는 점에서 일맥상통한다. 차이(Différance)는 현전의 형이상학인 서양의 전통적 형이상학을 겨냥하고 있고 리좀은 나무 체계인 서양의 전통적 형이상학을 겨냥하고 있다. 그들은 서로 다른 관점에서 서양의 전통적 형이상학을 비판하였다. 그런데도 서양의 전통적 형이상학이 유기적으로 위계화되어 통일된 관계를 추구한다고 그들은 공통으로 비판하였다.

이러한 관계를 서양의 전통적 형이상학은 로고스에 입각하여 추구한다고 그들 둘 다 인식하였다. 그들의 관점에서는 서양의 전통적 형이상학은 분명히 로고스 중심적이며 자기 폐쇄적이다. 차이(Différance)와 리좀 개념은 서양의 전통적 형이상학이 품고 있는 이러한 폐쇄적 관계를 열어젖힌다. 그래서 차이(Différance)는 이런 관계를 해체하고 리좀은 그것으로부터 탈주한다. 한마디로 말하자면, 그것들은 닫힌 관계로부터 열린 관계로 나아가는 셈이다.

이와 같은 시도를 감행했음에도 불구하고 그들의 사상은 동양의 관계적 존재론에 이르지는 못했다. 그들은 동양을 너무 몰랐고 그 때문에 서양을 벗어나려 했지만 벗어날 수 없었다.

관계적 존재론

_____ 06

1) 관계적 존재론의 의미

관계적 존재론이란 무엇일까? 철학에는 본래 이런 용어가 없다. 그것은 관계 개념을 강조하기 위해서 존재론에 '관계적'이라는 수식어를 붙인 용어에 불과하다.

그것의 의미를 규정하기 전에 우선 비근한 예를 한번 들어보자. 한 개인을 두고 생각해보자. 어떤 한 개인은 출세에 성공할 수도 실패할 수도 있고 부유할 수도 가난할 수도 있다. 만일 그가 출세에 성공했다면 그가 똑똑하고 잘나서 출세에 성공했겠는가? 물론 그의 개인적 능력과 노력이 중요한 것이긴 하다. 하지만 그를 둘러싸고 있는 사람들과 사물들을 보아야 한다. 그는 많은 사람들의 도움을 받거나 그들의 영향을 받았다. 그뿐만 아니라 그는 많은 자산, 즉 사물들의 도움을 받기도 했을 것이다. 이렇게 본다면 그를 둘러싸고 있는 인적 연결망(Network)과 물적 연결망을 무시하고서는 그의 성공을 말할 수 없을 것이다.

오늘날 흔히 연결망이라고 하면 Online Network만을 생각하기 쉽다. 아무래도 현대사회는 디지털 문명사회이기 때문이다. 그러나 Offline Network도 엄연히 있다. 사람에게만 연결망이 있는 건 아니다. 동물이나 식물도 그렇고 모든 사물이 다 그렇다. 그런 연결망 배후에는 더 큰 연결망이 있을 수 있다. 이런 생각을 밀고 나가면 결국 존재하는 모든 것이 Network로 서로 연결되고 관계한다.

그런데 이런 연결과 관계는 고정된 것이 아니라 끊임없이 변화한다. 이것을 헤겔은 생성(Werden)이라고 불렀다. 들뢰즈도 역시 생성(Devenir)을 중시했다. 생성은 영어로는 becoming이다. 인간이든 동식물이든 바이러스든 사물이든 고정된 것이 아니라 끊임없이 운동하는 과정에 있다. 헤겔은 『논리학』에서, 들뢰즈는 『천 개의 고원』에서 이 점을 명확히 밝혔다. 동양에서는 역의 음양 사상과 불교의 연기 사상이 그것을 분명하게 드러내었다.

관계적 존재론의 내용은 표현방식과 맥락이 다를 수 있지만 그 것이 무엇을 의미하는지 간단하게 말할 수 있다. 관계적 존재론은, 닫힌 관계이든 열린 관계이든 간에, 존재하는 모든 것은 그 자신 홀로 존립할 수 없고 타자와 연결되고 관계함으로써 존립한다는 사상을 의미한다.

2) 관계적 존재론과 동서사상의 만남

데리다와 들뢰즈는 서양의 전통적 형이상학을 거부하고 차이 (Différance)와 리좀이라는 새로운 사유를 과감하게 제시하였다. 그러나 이러한 사유가 서양의 전통적 형이상학과 완전히 단절된 것인지는 의문의 여지가 있다. 오히려 그것들은 서양의 전통적 형 이상학을 발판으로 삼아 그것이 미처 보지 못했던 관계를 드러낸 것이 아닐까. 그런 점에서 비록 데리다가 서양의 전통적 형이상학 을 내치고 들뢰즈가 서양의 전통적 존재론을 거부했다고 하더라 도, 여전히 그들의 사유는 관계적 존재론 안에 묶일 수 있지 않겠 는가.

관계적 존재론이라는 용어는 오늘날 철학에서 널리 사용되는 용어는 아니지만 최근 기술철학, 사회학, 인류학 등에서 새롭게 도입되어 사용되고 있다. 그리고 그것은 연결망(Network)을 철학 적으로 표현한 용어이기도 하다.[42]

오늘날 지구적 자본주의와 과학기술의 발달로 말미암아 융합 (Fusion)이나 잡종(Hybrid)이 널리 행해짐에 따라 생물의 세계뿐 만 아니라 사물의 세계도 온통 연결되고 있음이 점점 더 분명해 지고 있다. 기술철학, 사회학, 인류학에서 이런 인식에 기초하여 연결망(Network)이라는 용어가 나왔는데 연결망을 형이상학적 수 준에서 사유하다 보니 관계적 존재론이라는 용어가 나온 것 같다.

---

42) 브루노 라투르 외, 『인간·사물·동맹』, 홍성욱 엮음, 이음, 2018, p.99 이하 참고하라.

본래 전통적 형이상학에서는 이런 용어가 없다. 그러나 이 용어가 서양의 전통적 형이상학에는 없기 때문에 오히려 이 용어를 통해서 이 형이상학이 숨기고 있는 사유도 드러낼 수 있을 것이다. 따라서 차이(Différance)나 리좀과 같은 사유는 물론 동서양의 전통적 형이상학도 관계적 존재론에 포용될 수 있을 것이다.

리좀은 무시무종(無始無終)이며 단순히 연결되어 있을 뿐이다. "리좀은 시작하지도 않고 끝나지도 않는다. 리좀은 언제나 중간에 있으며 사물들 사이에 있고 사이-존재이고 *간주곡*이다. … 나무는 혈통 관계이지만 리좀은 결연 관계이며 오직 결연 관계일 뿐이다."43) 이런 식의 사유는 동양의 형이상학에서는 아주 친숙한 사유다. 역의 음양 사상, 불교의 연기 사상 그리고 『천부경』에서는 무시무종이면서 만사 만물이 서로 수평적으로 연결되어 있다고 보는 사상이기 때문이다.

역의 음양 사상에서는 태극에서 출발하는 듯이 보이지만(태극 → 음양 → 사상 → 8괘 → 64괘) 태극은 무극(無極)일 뿐이다. 태극도에 나오는 음양 사상은 음양이 대대(待對)하고 있음을 잘 보여준다. 즉, 음이 있으면 양이 있고 양이 있으면 음이 있다. 거꾸로 음이 없으면 양이 없고 양이 없으면 음이 없다. 따라서 음과 양은 서로 대대하는 셈이다. 음양의 관계는 여기에 그치는 건 아

---

43) 질 들뢰즈/펠릭스 가타리, 『천 개의 고원』, 김재인 옮김, 새 물결, 2001, p.54. 여기서 혈통 관계는 filiation를 번역한 말이고 결연 관계는 alliance를 번역한 말이다. (G. Deleuze & F. Guattari, *Mille Plateaux*, Les Éditions de Minuit, 1980, p.36)

니다. 음은 양을, 양은 음을 자신 안에 품고 있기도 하다. 또한 만사 만물을 상징하는 64괘 가운데 어떤 괘라도 다른 어떤 괘와도 연결될 수 있고 어느 괘라도 태극이다. 그리고 64괘의 마지막 괘는 미제괘(未濟卦)이므로 역의 세계는 아직 끝나지 않고 열려 있다. 따라서 역의 음양 사상에서는 무시무종이며 만사 만물이 서로 연결되어 있다. 그것은 관계적 존재론을 잘 표현하고 있음을 쉽게 알 수 있다.

초기불교의 경전인 『아함경』에서는 "이것이 있기 때문에 저것이 있고 이것이 발생하기 때문에 저것이 발생한다. 이것이 없기 때문에 저것이 없고 이것이 소멸하기 때문에 저것이 소멸한다." 라고 연기 사상을 간단히 요약하고 있다. 초기불교에서는 이런 연기 사상을 존재론의 지평 위에서 이야기한 건 아니다. 그러나 아함의 연기 사상에 이미 존재론이 함축되어 있다. 아함의 연기가 화엄의 법계연기로 전개됨으로써 연기 사상은 비로소 존재론의 지평이 여실하게 드러난다. 화엄 법계연기의 인다라망(因陀羅網) 비유에서는 존재하는 모든 것은 거울이면서 동시에 영상이 되어 서로 비추고 비치는 관계에 들어선다. 따라서 존재하는 모든 것은 일심(一心)에서 인다라망이라는 연결망을 이룬다. 그런데 불교의 연기는 오늘날 과학에서 말하는 필연적 인과관계가 아니라 단순한 의존관계를 가리키는 것으로 보아야 할 것이다.[44] 그러므로

---

44) 아함의 12연기는 시간상으로 고통의 발생과 소멸이 조건 지어진다. 그래서 그것은 보통 삼세양중인과(三世兩重仁果)라고 일컫는다. 화엄의 법계연기에서는 연기가 상

존재하는 모든 것의 근원은 불교의 연기 사상에서는 있을 수 없고 윤회만이 시작도 끝도 없이 펼쳐진다. 비록 12지(支)의 연기(무명無明 → 행行→ 식識 → 명색名色 → 육입六入 → 촉觸 → 수受 → 애愛 → 취取 → 유有 → 생生 → 노사老死)가 불교에서 순차적으로 제시되긴 하지만 12지는 방편일 뿐 어느 지에서 시작해도 무방할 것이다.

오늘날의 양자역학에서도 불교의 인연을 이야기하고 있다. 아주 단순화해서 이야기하면 다음과 같다.

> 지나치게 단순한 논리일지 모르지만, 인연은 문명을 탄생시킨다. 미시세계에서도 비슷한 일이 일어난다. 원자들이 서로 관계를 맺으며 분자를 만들고, 분자들은 한데 모여 응집물질이 된다. 운이 좋으면 응집물질은 생명으로 진화하고, 의식이 탄생한다. 말도 안 되게 단순한 논리일지 모르지만, 원자들의 관계는 의식을 탄생시킨다. 그리고 의식을 지닌 인간들은 서로 인연으로 연결되고, 인연은 가족을 만든다. 이렇게 미시세계는 거시세계로 이어진다.45)

『천부경』에서는 하나로부터 천지 만물이 나온다. 그러나 『천부경』은 '하나로 시작하지만 하나로 시작함이 없다(一始無始一).'이며 '하나로 끝나지만 하나로 끝남이 없다(一終無終一).'라는 것을

의성(相依性)으로 해석되기 때문에 시간성이 도외시되고 공간적으로만 해석된다고 생각하기 쉽다. 그러나 과거, 현재, 미래를 두고 본다면 그런 생각은 잘못되었다. 과거의 업이 현재의 과(果)를 초래하지만 거꾸로 현재의 과가 과거의 업을 규정할 수 있다. 또한 현재의 업이 미래의 과를 낳지만 거꾸로 미래의 과가 현재의 업을 규정할 수 있다. 그러므로 현재, 과거, 미래는 서로 의존한다. 따라서 상의성은 공간적인 차원에서뿐만 아니라 시간적인 차원에서도 해석될 수 있을 것이다.

45) 박권, 『일어날 일은 일어난다』, 동아시아, 2021, p.178.

선언한다. 묘한 말－이게 동양적 사유의 특징이다－이지만 그것은 두 가지 의미로 해석될 수 있을 것이다. 첫째로, 무시무종의 의미. 둘째로, 동일성과 통일성의 긍정과 동시에 부정. 따라서 그것은 존재하는 모든 것은 시작도 끝도 없이 흘러가며 서로 연결되고 관계하고 있다는 사상을 함축하고 있다.

헤겔의 사변적 사유, 차이(Différance)나 리좀과 같은 사유는 모두다 관계적 존재론으로 자리매김할 수 있을 것이다. 헤겔의 사변철학은 서양의 전통적 형이상학을 완성한 철학이며 차이(Différance)나 리좀과 같은 사유는 헤겔의 사변적 사유에 영향을 받아 헤겔의 관계 개념을 확장한 사유라고 볼 수 있다. 그렇기 때문에 그들의 사유는 서양적 사유의 주요한 흐름을 대표하고 있으며 관계적 존재론으로 뭉뚱그릴 수 있을 것이다. 동양적 사유인 역의 음양 사상과 불교의 연기 사상은 동양적 형이상학의 핵심사상이다. 이 사상들도 역시 관계적 존재론으로 뭉뚱그릴 수 있을 것이다. 그것들은 다 같이 존재하는 모든 것의 연결망, 즉 관계를 품고 있기 때문이다.

오늘날 우리는 기후변화와 코로나바이러스 전염병으로 어찌할 바를 모르고 헤매고 있다. 우리 인간들이 재앙을 자초했으며 마침내 지구는 대멸종의 길을 걷게 되었다. 그렇다면 그것은 우리 인간들이 초래한 재앙이므로 우리 인간들이 힘과 지혜를 합쳐서 물리칠 수도 있을 것이다. 물론 이미 때를 놓쳤는지도 모른다. 그러나 재앙을 물리치려는 아무런 노력도 하지 않고 욕망에 사로잡혀 안이하게 살아갈 수는 없다.

우리 인간들에게는 수천 년 동안의 역사 동안 쌓아온 지혜가 남아 있다. 재앙을 물리칠 수 있는 지혜를 동서사상의 만남을 통해 짜내야 한다. 그것이 관계적 존재론이 아닐까 본인은 생각한다.

우리 인간들은 정말 대단한 것들을 만들어 왔다. 자동차나 비행기도 만들고 원자폭탄도 만들고 컴퓨터도 만들고 인공위성이나 우주선도 쏘아 올렸다. 그러나 그것들이 오늘날의 재앙에는 아무런 소용이 없다. 삶의 철학과 삶의 방식을 바꿔야 한다. 단순하게 보이지만 최소한의 사상적 기반인 관계적 존재론에서 다시 출발하자. 그것은 결코 어려운 일이 아니다.

기독교에서 신은 인간에게 자연을 지배하거나 정복하지 말고 잘 관리하도록 허락했다. 따라서 인간은 생태계를 파괴하고 환경을 오염시켜서는 안 되고 자연과 생태계를 지키는 파수꾼의 역할을 해야 한다. 즉, 신이 인간에게 부여한 사명은 인간이 자연과 생태계를 지키는 파수꾼이 되어야 한다는 것이다.

동양의 천지인 삼재(三才) 사상은 기독교보다 훨씬 더 생태 친화적이다. 하늘, 땅, 사람은 우주의 큰 기둥이다. 사람이 하늘과 땅 사이에 참여하여 천지 만물을 지켜야 한다. 왜냐하면, 사람은 만물의 영장으로서 천지 만물을 지켜야 할 사명을 하늘로부터 받았기 때문이다. 동양에서는 자연을 지배하고 정복하려는 사상이 아예 없었다. 그 대신에 인간은 자연에 순응해서 살아가야 한다는 사상이 지배적이었다. 산에는 산신령이, 바다에는 용왕이, 하늘에는 옥황상제가 있다고 생각했기 때문에 사람들은 그들을 노하게 하는 일을 할 수가 없었다.

동서사상의 밑바닥에 공통으로 깔린 사상은 많이 찾을 수 있을 것이다. 그러나 크게 보아, 오늘날에 절실하게 필요한 사상은 관계적 존재론이 아닐까 생각한다. 관계적 존재론만이 지구를 지켜줄 사상이기 때문이다.

생명을 존중하고 자연을 사랑하는 마음은 단순히 정서나 감정에 그치지 않는다. 그것은 관계적 존재론 위에서 싹트고 피어날 수 있을 것이다. 이런 마음이 우리 문화를 지배할 때, 지구적 대재앙을 해결하기 위한 실마리라도 잡을 수 있을 것이다.

더 이상 망설이고 주저할 여유가 없다. 동서사상의 만남을 통해 동서양의 힘과 지혜를 모으자. 우리가 과학기술로 우리에게 닥친 재앙을 극복하려는 길은 더 이상 유효하지 않은 것 같다. 재앙을 극복하기 위해서는 문화를 바꾸는 길밖에 없을 것 같다. 비록 그 길이 더디고 둘러가는 길이지만 기술로 단박에 해결하려는 시도보다 더 현실적일 수 있다. 그러기 위해서는 동서사상의 만남이 필수적일 것이다.

끝으로, 이 글을 쓴 이유를 해명하고 싶다. 본인은 이제 더 이상 대학 강단에 서지 않는다. 그래서 대학의 강단 철학에 구애받지 않고 좀 더 자유롭게 글을 쓰고 싶었다. 그리고 동서사상의 만남에 관해서 몇 편의 글을 쓰긴 썼지만 그 글들이 여기저기 산만하게 흩어져 있어서 그것들을 깔끔하게 정리하고 싶기도 했다. 아무래도 이 글은 앞의 글들과 중복되는 부분들이 더러 있을 것이다. 그러나 그 부분들도 새롭게 정리했다. 이 글을 마치고 나니 동서사상의 만남이 제대로 정리되었는지 잘 모르겠다. 독자들의 판단에 맡긴다.

참고문헌

김부식, 『삼국사기 I』, 이강래 옮김, 한길사, 1998.

김상봉, 『數易』, 은행나무, 2008.

김석진, 『대산의 천부경』, 동방의 빛, 2010.

김석진 역해, 『周易傳義大全』, 대유학당, 1996.

노자, 『노자』, 김경탁 역, 현암사, 1978.

데꽁브, 뱅상, 『동일자와 타자』, 박성창 옮김, 인간 사랑, 1993.

들뢰즈, 질/가타리, 펠릭스, 『천 개의 고원』, 김재인 옮김, 2001.

라투르, 부루노 외, 『인간·사물·동맹』, 홍성욱 엮음, 이음, 2018.

문상현, 『글로벌 문화생산과 자본주의』, 커뮤니케이션북스, 2017.

미우라 구니오, 『주자어류 선집』, 이동연 옮김, 예문서원, 2012.

바커, 스티븐 F., 『수리철학』, 이종권 옮김, 종로서적, 1983.

박권, 『일어날 일은 일어난다』, 동아시아, 2021.

박해당, 「조선 불교를 되살리려는 간절한 서원의 열매―휴정의『선가귀감』」,
     『철학과 현실』, 2004.

법장, 『화엄경 탐현기』, 노혜남 옮김, 동국역경원, 2001.

법장, 『화엄오교장』, 대한불교조계종 역경위원회 옮김, 조계종출판사, 2001.

성백효 역주, 『논어집주』, 전통문화연구회, 2016.

아도르노, 『계몽의 변증법』, 김유동 옮김, 문학과지성사, 2001.

엔드레스, 프란츠 칼·쉼멜, 안네마리, 『수의 신비와 마법』, 오석균 옮김, 고
     려원미디어, 1996.

여정덕 편, 『주자어류』, 허탁·이효성 공역주, 청계, 1998.

원효, 『대승기신론소』, 은정희 역주, 일지사, 1991.

은정희, 「서산 휴정의 삼가귀감 정신」, 『동양철학』 Vol.3, 1992.

이병권, 「메타버스(Metaverse) 세계와 우리의 미래」, 『한국콘텐츠학회지』 19(1), 2021.

이철승, 『우리 철학, 어떻게 할 것인가』, 학고방, 2020.

자오궈둥 외, 『디지털 신세계 메타버스를 선점하라』, 정주은 옮김, 미디어 숲, 2022.

장자, 『장자』, 안동림 역주, 현암사, 2010.

정세근, 「우리 철학 어떻게 할 것인가」, 『대동철학』 제76집, 2016.

조홍길, 『기술과 만남』, 한국학술정보, 2020.

조홍길, 『나를 향한 열정』, 한국학술정보, 2017.

조홍길, 『헤겔의 사변과 데리다의 차이』, 한국학술정보, 2011.

조홍길, 『헤겔, 역과 화엄을 만나다』, 한국학술정보, 2013.

최영성, 『고운 최치원의 철학사상』, 문사철, 2012.

최제우, 『동경대전』, 김용옥 옮김, 통나무, 2021.

콜리어, 폴, 『자본주의의 미래』, 김홍식 옮김, 까치, 2020.

휴정, 『서산의 삼가귀감』, 법진 역주, 선리연구원, 2008.

휴정, 『선가귀감』, 김영욱 역주, 대한불교조계종, 2010.

Deleuze, G. & Guattari, F., *Mille Plateaux*, Les Éditions de Minuit, 1980.

Derrida, J., *Marges de la Philosophie*, Les Éditions de Minuit, 1972.

Hegel, G.W.F., *Wissenschaft der Logik: Lehre vom Sein(1832)*, Felix Meiner Verlag, 1990.

Lucy, N., *A Derrida Dictionary*, Blackwell, 2005.

조홍길

부산대에서 박사학위를 받았다. 저서로는 《욕망의 블랙홀》, 《헤겔의 사변과 데리다의 차이》, 《헤겔, 역과 화엄을 만나다》, 《나를 향한 열정》, 《무아의 새벽》, 《무한을 향한 열정》이 있으며, 역서로는 《기독교의 정신과 그 운명》이 있다. 현재 동서사상의 대화와 만남에 관심이 많다.

동서사상의 만남

초판인쇄 2022년 5월 2일
초판발행 2022년 5월 2일

지은이 조홍길
펴낸이 채종준
펴낸곳 한국학술정보㈜
주 소 경기도 파주시 회동길 230(문발동)
전 화 031) 908-3181(대표)
팩 스 031) 908-3189
홈페이지 http://ebook.kstudy.com
E-mail 출판사업부 publish@kstudy.com
출판신고 2003년 9월 25일 제406-2003-000012호

ISBN 979-11-6801-463-3 93100